Buch

Als die Besatzung des Flugzeuges den riesigen Wolf-Creek-Krater in der australischen Wüste überfliegt, entdecken sie aus der Luft einen reglosen Körper. Man findet einen toten Mann, doch die Leiche kann nicht identifiziert werden – der Fall bleibt ungeklärt. Bis sich Inspektor Napoleon Bonaparte, der berühmte »Bony«, um den Fall kümmert. Er zweifelt nicht daran, daß der Unbekannte ermordet und erst danach in den Krater geworfen wurde...

Autor

Arthur W. Upfield, geboren 1888 in England, wanderte nach Australien aus und bereiste per Anhalter diesen Kontinent. Seine dabei als Pelztierjäger, Schafzüchter, Goldsucher und Opalschürfer gewonnenen Erfahrungen fanden Eingang in 28 Kriminalromane. Hauptfigur ist der sympathische Inspektor Bonaparte, der mit faszinierender Findigkeit verzwickte Situationen und menschliche Probleme zu entwirren versteht. Upfield starb 1964, und »Reclams Kriminalromanführer« meint zu seinem schriftstellerischen Lebenswerk: »Seine Krimis gehören zum Besten, was die australische Literatur zu bieten hat.«

ARTHUR W. UPFIELD

WER WAR DER ZWEITE MANN?

The Will of the Tribe

Kriminalroman

*Aus dem Englischen
von Heinz Otto*

Goldmann Verlag

Der Goldmann Verlag
ist ein Unternehmen der Verlagsgruppe Bertelsmann

Made in Germany · 2/92 · 4. Auflage
© der Originalausgabe 1962 by Arthur W. Upfield
© der deutschsprachigen Ausgabe 1963
by Wilhelm Goldmann Verlag, München
Umschlaggestaltung: Design Team München
Umschlagillustration: Gilles Veron
Fotosatz: Uhl + Massopust, Aalen
Druck: Elsnerdruck, Berlin
Krimi 1208
Lektorat: Ge
Herstellung: Ludwig Weidenbeck
ISBN 3-442-01208-2

1

Inspektor Napoleon Bonaparte starrte auf Luzifers Couch und schüttelte verwundert den Kopf.

Es mußte ein gewaltiger Meteor gewesen sein, der mitten in diesem Land aus zitronengelbem Sand und rotgoldenem Fels einen derartigen Krater hinterlassen hatte. Einige Einwohner von Hall's Creek erinnerten sich noch, daß der Meteor Ende Dezember 1905 vom Himmel gefallen war und einen Krater gerissen hatte, der fast hundert Meter tief war und einen Umfang von einer Meile besaß. Durch den gewaltigen Aufprall waren drei Geröllwälle aufgeworfen worden: der innere eine halbe Meile vom eigentlichen Trichter entfernt, der mittlere ungefähr eine Dreiviertelmeile, und der äußere eine volle Meile.

Der kreisförmige Krater war von einer hohen Geröllwand umgeben, die lediglich an einer Stelle einen Einschnitt aufwies. Monsunregen und Stürme hatten das Erdreich aus dem Geröll gewaschen. Nun war ein poliertes Monument entstanden, das durchaus dem Architekten eines Pharaonen hätte Ehre machen können. Im Inneren dieses Walls fiel der sandige Boden sanft bis zur Kratermitte ab. Dort wuchsen einige Kasuarinen.

»Dreißig Meter über der Ebene, Howard, und rund hundert Meter bis hinab zur Kratersohle«, sagte Inspektor Bonaparte. »Erzählen Sie doch mal, wie dieser Krater entstanden ist.«

Oberwachtmeister Howard, der von Sonne und Wind genauso verwittert schien wie der Kraterwall, auf dem sie saßen, kam diesem Wunsch gern nach.

»Der Meteor fiel im Jahre 1905. Zwei Geologen behaupteten einmal, daß er schon vor dreihundert Jahren heruntergekommen sei, aber die Leute in Hall's Creek haben den Feuerball ja gesehen und die Detonation gehört. Schließlich wohnen sie nur fünfundsechzig Meilen entfernt. Damals war diese Gegend noch nicht erschlossen, und das Absatzgebiet für Hall's Creek lag bei Wyndham an der Nordküste. Niemand kam deshalb hierher, um nachzuschauen. Als die Viehstation Beaudesert errichtet wurde, kam ebenfalls niemand zum Krater; denn von weitem sieht es so aus, als handle es sich nur um einen flachen Hügel. Der Krater wurde erst 1947 von Ölsuchern entdeckt, die zufällig darüber hinwegflogen.«

Howard runzelte die Stirn und schwieg für eine Weile.

»Später kamen dann lediglich ein paar Viehhüter hierher«, fuhr er fort. »Aber 1948 schickte die Australische Geographische Gesellschaft eine Expedition*, und der Krater wurde fotografiert und vermessen. Später kam eine zweite Gruppe, die einfach den Fahrspuren der ersten Expedition folgte. – Doch nun zu unserem Fall: Am siebenundzwanzigsten April flog zufällig wieder ein Flugzeug darüber hinweg, und die Leute in der Maschine glaubten, auf der Kratersohle eine Leiche zu sehen. Es war auch tatsächlich ein Leichnam – ein Weißer, der schon mehrere Tage tot war. Wie er dorthin gekommen war und um wen es sich handelte, konnten wir nicht herausfinden. Er hatte kein Deckenbündel bei sich, keinen Wassersack – nichts. Seine Kleidung war schmutzig und abgetragen, und die Stiefel hatten eine Reparatur nötig. Sie wissen ja, daß in unserer Gegend niemand unbemerkt herumlaufen kann, ohne über Funk von einer Farm zur anderen weitergemeldet zu werden. Ganz gleich, wer er ist – ein Fremder bietet immer Gesprächsstoff. Derby liegt dreihundert Meilen von hier im Westen, Wyndham zweihundert Meilen im Norden, und bis Darwin sind es ungefähr fünfhundert Meilen. Innerhalb dieser drei Punkte befinden sich eine Menge Farmen und viele Eingeborenenstämme. Aber weder ein Weißer noch ein Schwarzer hat jemals etwas von dem Toten gemeldet.«

»Die nächsten Farmen sind Deep Creek und Beaudesert«, meinte Inspektor Bonaparte nachdenklich. »Wahrscheinlich ist dort jemand für den Tod dieses Mannes verantwortlich.«

---

* Anmerkung des Verlages: Arthur W. Upfield war der Leiter der Expedition.

»Es muß so sein«, pflichtete der Wachtmeister bei. »Beide Farmen liegen verhältnismäßig nahe, und kein Fremder könnte ihr Gebiet passieren, ohne bemerkt zu werden. Sie sehen von hier aus die Deep-Creek-Farm. Und der Buschpfad, der von der Straße Hall's Creek–Derby abzweigt, führt nur bis Beaudesert. Dann kommt Wüste – tausend Meilen und mehr. Und dort leben nur wilde Australneger. Es ist uns nicht gelungen, irgendwo eine Spur des Toten zu finden oder ihn zu identifizieren. Bliebe eigentlich nur die Möglichkeit, daß er aus einem Flugzeug gestürzt ist – aber außer am Kopf weist er keinerlei Verletzungen auf.«

Inspektor Bonaparte blickte sich um – überall Wüste. Er sah den inneren und den mittleren Geröllwall und die scharfe Abgrenzung, bis zu der das Land durch die gewaltige Hitze der Feuerkugel verbrannt war. Jenseits dieser Linie waren die Bäume bedeutend älter. Der bunte Teppich der rötlichglänzenden Kimberleyberge mit ihren grünen Hängen und schwarzen Schluchten reichte bis zu den uralten Eukalyptusbäumen am Ufer des Deep Creek.

Drei Meilen weiter im Westen konnte man die Gebäude der Viehstation von Deep Creek erkennen, und wenn man eine Landkarte zur Hand nahm, konnte man feststellen, daß der Wolf-Creek-Meteorkrater – so lautete die offizielle Bezeichnung – am Nordrand der Großen Sandwüste von Westaustralien lag.

»Die Bäume in der Ebene sind älter als die unten im Krater«, sagte Oberwachtmeister Howard. »Deshalb glaube ich, daß der Meteor vor rund sechzig Jahren herunterkam, und nicht schon vor dreihundert Jahren.«

Im Osten wie im Westen dehnte sich die Wüste bis zum Fuße der Berge, die um diese Tageszeit abweisend dunkel dalagen und einen kräftigen Kontrast bildeten zu der brillanten Helligkeit der Ebene, die im Süden bis ans Ende der Welt zu reichen schien. Inspektor Bonaparte setzte sich wieder und drehte eine Zigarette.

»Erzählen Sie weiter – von dem Augenblick an, als man den

Toten da unten fand. Ich habe zwar den Bericht gelesen, aber ich möchte gern noch einmal alles von Ihnen hören.«

»Die Leiche wurde am siebenundzwanzigsten April von einigen Geologen entdeckt. Am frühen Morgen dieses Tages war der Verwalter von Deep Creek mit seinen Leuten nach Süden geritten, um Vieh zu mustern. Auf der Farm selbst wurden die üblichen Arbeiten verrichtet: Einige Lubras wuschen Wäsche, ein Eingeborener namens Captain ritt ein Pferd zu, die Frau des Verwalters kümmerte sich um den Haushalt, und ein Eingeborenenmädchen namens Tessa gab den beiden Töchtern Unterricht. Die Geologen warfen kurz nach zehn aus dem Flugzeug eine Nachricht ab. Auf dem Zettel stand: ›Anscheinend Verletzter oder Toter im Krater. Bitte sofort nachforschen!‹ Der Koch, ein Weißer namens Jim Scolloti, und der Eingeborene mit Namen Captain fuhren nun mit dem alten Kombiwagen des Kochs bis hierher.«

Howard wies auf die deutlich sichtbaren Reifenspuren, die vom Krater herüber zur Farm führten.

»Alle anderen Wagen, die im Laufe der Ermittlungen hierherkamen, folgten dieser Spur. – Als die beiden zur Farm zurückkehrten, setzte sich Mrs. Brentner, die Frau des Verwalters, sofort ans Funkgerät. Aber weder sie noch der Koch kannten sich sehr gut damit aus, und so brachten sie den Apparat nicht in Gang. Scolloti fuhr deshalb in seinem Wagen die siebenundzwanzig Meilen nach Beaudesert, von wo aus man mich über Funk verständigte. Ich machte mich sofort auf den Weg, kam allerdings erst ziemlich spät auf der Farm an; denn der Buschpfad – aber Sie haben ja heute selbst gesehen, wie er beschaffen ist. Ich hielt mit meinen beiden Trackern – meinen Spurensuchern – zunächst in Beaudesert, und da erzählte mir Mrs. Leroy, daß ihr Mann den Funkapparat vom Deep Creek in Gang gebracht und ihr gemeldet habe, die Schwarzen seien zu einer Buschwanderung aufgebrochen, nachdem sie von dem Leichenfund erfahren hatten. Selbst Captain, der Zureiter, und Tessa, das Eingeborenenmädchen, seien mit verschwunden. Als ich dann am Deep Creek eintraf, waren die beiden allerdings schon zurückgekehrt.

Es wurde aber bereits dunkel, und ich wollte in der Nacht keine Spuren verwischen. Deshalb wartete ich bis zum nächsten Morgen und kam dann mit Leroy und meinen beiden Trackern hierher. Die Spuren, die der Koch und der Schwarze hinterlassen hatten, waren deutlich zu erkennen, aber sonst konnten meine Tracker keine entdecken. Und doch mußten welche vorhanden sein, wenn der Mann bis zu der Stelle, wo er vom Tod ereilt worden war, zu Fuß gegangen war. Hatte man ihn aber an die Fundstelle getragen, mußten die Träger Spuren hinterlassen haben. Ich ließ deshalb von meinen Trackern den gesamten Trichterrand absuchen, aber sie haben nichts gefunden. Und beide sind ganz ausgezeichnete Spurensucher.«

Oberwachtmeister Howard zündete sich eine Zigarette an.

»Mein Assistent kam am Nachmittag mit Doktor Reedy hierher«, fuhr er dann fort. »Der Doktor untersuchte den Toten. Die Vögel hatten ihn ziemlich zugerichtet, aber der Doktor war überzeugt, daß dieser Mann mindestens drei, höchstens sechs Tage tot war. Da die Luft im Krater völlig trocken ist, konnte der Doktor an den von den Vögeln verschonten Körperteilen feststellen, daß der Mann einmal die Pocken gehabt hatte. Außerdem lag eine Hand unter seinem Rücken, und wir erhielten deshalb einwandfreie Fingerabdrücke. Wir konnten auch einen Gebißabdruck herstellen. Der Mann war ungefähr fünfundvierzig Jahre alt, einssiebenundsiebzig groß, hatte Schuhgröße zwoundvierzig und Hutweite fünfundfünfzig. Er wog ungefähr fünfundsiebzig Kilo und war wie ein gewöhnlicher Farmarbeiter gekleidet. Am nächsten Tag trafen dann der Inspektor und der Polizeiarzt aus Derby ein, der bestätigte Doktor Reedys Ansicht. Wir konnten nichts weiter tun, als den Toten nach Hall's Creek zu bringen und dort zu beerdigen. Bei der gerichtlichen Leichenschau wurde festgestellt, daß der Mann mittels eines stumpfen Gegenstandes durch einen mit Wucht gegen den Hinterkopf geführten Schlag getötet worden war.«

»Gehen wir einmal zu der Stelle, die auf der Skizze mit einem Kreuzchen markiert ist«, entschied Inspektor Bonaparte.

Sie stiegen in den Krater hinab, und die steile Wand ragte

immer höher über ihren Köpfen auf. Als die beiden Männer schließlich auf der sandigen Sohle standen, konnten sie sich lebhaft vorstellen, wie es den Gladiatoren in den Zirkusarenen des alten Rom zumute gewesen sein mochte. Die Sonne vergoldete die Geröllwand. Von dem sanften Wind, der oben am Kraterrand geweht hatte, war hier unten nichts zu spüren. Die Temperatur lag um mindestens zehn Grad höher, und an einem heißen Sommertag mochte der Unterschied noch bedeutend größer sein. Howard führte den Inspektor zu der Stelle, wo der Tote gelegen hatte. Sie war immer noch durch vier Holzpflöcke gekennzeichnet.

»Er lag auf dem Rücken«, erklärte der Oberwachtmeister. »Den einen Arm weit ausgestreckt, den anderen zusammengekrümmt unter dem Rücken. Die Beine waren ebenfalls ausgestreckt, aber in den Knien leicht angewinkelt. Die beiden Ärzte halten es für möglich, daß die Leichenstarre bereits eingetreten war, als man den Toten an diesen Platz legte. Jedenfalls sind sie sicher, daß die Leiche hierhergebracht wurde.«

»Aber keine Spuren – weder im Krater, noch draußen.«

»Nicht die geringste Spur.«

»Die Abos sind Meister im Spurenverwischen«, murmelte Inspektor Bonaparte.

Er stand am Rande des kleinen Trichters, der sich in der Mitte des Kraters befand und teilweise von Buschwerk verdeckt wurde. Dieser Trichter hatte einen Durchmesser von fünf Metern und mochte ungefähr zweieinhalb Meter tief sein. Im Schlamm, der jetzt steinhart gebacken war, lagen Känguruhknochen.

»Die Leiche wurde am siebenundzwanzigsten April entdeckt«, fuhr Bony fort. »Heute haben wir den siebenten August. Die Spuren hier unten im Krater haben sich sehr gut erhalten. Wann wurden die Ermittlungen eigentlich eingestellt?«

»Am achtzehnten Mai«, erwiderte Howard. »Es gab noch so eine Art Abschlußuntersuchung. Brentner und seine Leute kehrten am zwölften Mai mit dem Vieh zurück. Sie alle, Captain und die Eingeborenen vom Deep Creek – sie waren zwei Tage zuvor von ihrer Buschwanderung zurückgekommen – unterstützten meine Tracker. Wir haben den verdammten Kraterwall an diesem Tag fast auseinandergenommen.«

Sie kletterten wieder hinauf zum Rand des Kraters. Der Aufstieg war so steil, daß sie oft die Hände zu Hilfe nehmen mußten. Schließlich setzten sie sich wieder auf den Wall.

»Haben Ihnen Ihre Tracker gesagt, was sie von der ganzen Geschichte halten?« fragte Inspektor Bonaparte.

»Nein. Ich hatte den Eindruck, daß sie sich nicht ganz wohl dabei fühlen. Aber das ist bei den Schwarzen immer der Fall, wenn ihnen etwas rätselhaft ist.«

»Wer ist denn nun Ihrer Meinung nach der Täter – ein Schwarzer oder ein Weißer?«

»Da möchte ich mich nicht festlegen. Aber ich wette, daß die Schwarzen irgendwie beteiligt sind. Es gibt ja zweierlei Abos: unten im Süden die wilden Australneger, und dann die halbzivilisierten Schwarzen wie hier am Deep Creek und drüben auf Beaudesert. Ich bin kein Kimberleymann wie der Sergeant in Wyndham. Er behauptet, die Wilden hätten diesen Mord begangen, und die Eingeborenen von den Viehstationen stellen sich lediglich aus Solidarität dumm.«

»Sollen sie sich ruhig weiter dumm stellen, Howard. Und jetzt fahren wir zum Deep Creek. Die Brentners sollen ja sehr gastfreundlich sein, und das ist gut; denn ich werde ihre Gastfreundschaft einige Wochen in Anspruch nehmen müssen. Wie ist eigentlich Brentners Werdegang?«

»Ihm ist nichts in den Schoß gefallen. Wie ich vom Sergeanten in Wyndham erfuhr, begann Brentner als gewöhnlicher Farmarbeiter, wurde später Viehtreiber und machte sich schließlich in diesem Beruf selbständig. Er bediente ganz Nordaustralien. Mit der Polizei hatte er nie Scherereien und schien auch stets zur Zusammenarbeit bereit. Ab und zu hatte er mal einen Zivilprozeß wegen des Viehs. Dann wurde ihm die Verwalterstelle auf der Farm Deep Creek angeboten, und er fuhr nach Perth und heiratete die Sekretärin eines reichen Geschäftsmannes. Sie waren sehr fröhliche Leute, als sie hier auftauchten, aber das hat sich gelegt. Kurt Brentner ist in der Ehe sehr still geworden. Ich glaube, das geht den meisten von uns so.«

»Die Ehe hat einen beruhigenden Einfluß.« Bony lachte. »Ich glaube, für mich wird es der reinste Urlaub werden. Und in der Freizeit kann ich völkerkundliche Studien treiben. Schreiben Sie das ruhig in den Bericht an Ihren Inspektor. Inspektoren lieben es, wenn man ihnen derartige Dinge mitteilt. Es beruhigt sie, meinen Sie nicht auch?«

»Um meinen Inspektor zu beruhigen, muß ich schon die Axt nehmen«, erwiderte Howard und fügte dann hastig hinzu: »Entschuldigung, ich vergaß, daß Sie kein kleiner Polizist sind, Sir.«

»Doch, vergessen Sie das, und den ›Sir‹ ebenfalls. Sonst noch Fragen?«

»Ja, eins hätte ich noch gern gewußt. Ich hatte gleich das Gefühl, daß es sich bei dieser Geschichte um keinen gewöhnlichen Mord handelt. Und jetzt wird der Fall nach so langer Zeit Ihnen übertragen. Ist er denn so wichtig?«

»Für einige Leute ist er sehr wichtig. Und deshalb bin ich hier.«

2

Die Farm lag auf einer sanften Anhöhe, ungefähr fünfhundert Meter vom Deep Creek entfernt. Das geräumige Herrenhaus war ursprünglich ein Bungalow mit vier Zimmern gewesen. Jetzt befanden sich unter dem weitausladenden Dach ein Dutzend Räume. Die etwas abseits liegende Küche und das »Taghaus« mit seinen Büffelgraswänden waren durch überdachte Wege mit dem Hauptgebäude verbunden. Ein Drahtzaun umschloß den großen Garten, in dem Baikastanien und einige blühende Eukalyptusbäume standen.

Die Werkstätten, der Lagerschuppen und die Männerquartiere, die Pferdekoppeln und Viehhöfe sowie die Garage lagen westlich vom Herrenhaus. Doch dies alles wurde überragt von den Wassertanks auf dem hohen Stahlgerüst.

Am Nachmittag des siebenten August saß Rose Brentner mit ihren beiden Töchtern Rosie und Hilda sowie dem Eingeborenenmädchen Tessa auf der nach Osten liegenden Veranda. Alle trugen weiße Kleider und boten das typische Bild der Tropen.

Rose Brentner war Anfang Dreißig – ein sportlicher, sehr schlanker Typ. Sie war hochgewachsen, hatte braunes, golden schimmerndes Haar und braune Augen. Während ihrer langjährigen Büropraxis hatte sie sich angewöhnt, keine unnötigen Worte zu machen.

Rosie war sieben und hatte die Haarfarbe ihrer Mutter, während Hilda dem Vater ähnelte und blond war. Obwohl sie schon fünf Jahre alt war, blickten ihre haselnußbraunen Augen mit der Unschuld eines Babys.

»Wenn doch nur Mr. Howard und Inspektor Bonaparte endlich kämen«, meinte Rosie ungeduldig. »Ist der Inspektor eigentlich der Sohn des Kaisers von Frankreich?«

»Das glaube ich nicht«, erwiderte ihre Mutter. »Jedenfalls hoffe ich es nicht. Wir wären auf einen so hohen Besuch nicht eingerichtet. Im übrigen solltest du dich an die Geschichtsdaten erinnern.«

»Captain hat gesagt, daß Mr. Howard und Inspektor Bonaparte vor dem Lunch zu Luzifers Couch gefahren sind. Er hat die Staubfahne gesehen«, sagte Hilda, die an der Verandabrüstung stand. »Ich sehe jetzt ebenfalls eine Staubfahne.«

Ihre Schwester sprang auf und bestätigte, daß Oberwachtmeister Howards Jeep sich näherte. Das Eingeborenenmädchen trat zu den beiden Kindern. Sie war keine ausgesprochene Schönheit, aber mit ihren siebzehn Jahren doch ein recht erfreulicher Anblick. Die kultivierten Brentners hatten dafür gesorgt, daß bei ihr kein Minderwertigkeitskomplex aufkommen konnte. Die kleine Hilda faßte sie an der Hand und deutete auf die braune Staubfahne, die von der Sonne vergoldet wurde.

»Sie sind es«, sagte Tessa mit ihrer sanften, akzentfreien Stimme. »Sie kommen vom Krater. Seht mal, Captain steht oben auf dem Gerüst des Wassertanks und signalisiert uns. Soll ich Kurt rufen?«

»Ja, tu das, Tessa«, erwiderte Rose Brentner. »Wir werden den Tee im Taghaus trinken. Kümmerst du dich darum?«

Tessa verschwand im Haus, während Rose mit den beiden Kindern zur Gartentür ging. Dort gesellte sich ihr Mann zu ihnen. Er war groß und wettergegerbt, und das blonde Haar begann sich bereits zu lichten. Die braunen Augen hatte er wegen der grellen Sonne zusammengekniffen. Er trug, genau wie die Männer, die soeben aus dem Jeep kletterten, Khakihose und Sporthemd.

Niemand beachtete die Eingeborenen, die in größerem Abstand hinter dem Jeep einen Halbkreis bildeten. Rose und ihr Mann begrüßten Howard lächelnd, doch dann musterten sie den Fremden mit den leuchtenden blauen Augen, der auf sie zutrat.

»Inspektor Bonaparte«, stellte Howard vor. »Mr. Brentner und Frau.«

Rose Brentner hatte bereits viel von diesem Mann gehört, doch er entsprach so gar nicht der Vorstellung, die sie sich von ihm gemacht hatte. Der einzige Hinweis auf seine schwarzen Vorfahren war die dunklere Hautfarbe. Eigentlich war sie nur eine Nuance dunkler als die tiefe Sonnenbräune ihres Mannes. Als Bony dem Viehzüchter die Hand reichte, wirkte er geradezu unbedeutend. Aber so wirkten die meisten Männer neben Kurt Brentner. Dann beugte er sich lächelnd über die Hand, die Rose ihm anbot.

»Sie müssen die Polizei inzwischen schon reichlich satt bekommen haben, Mrs. Brentner. Ich will versuchen, Ihnen weiter keine Umstände zu machen.«

»Sie sind herzlich willkommen, Inspektor«, sagte Rose zu ihrer eigenen Verwunderung. »Für uns ist Besuch immer willkommen.« Sie blickte auf ihre beiden kleinen Töchter. »Wir sind sogar schon etwas ungeduldig geworden.«

»Oh!« Bony beugte sich tief herab, um die beiden Mädchen zu begrüßen. »Du bist gewiß Rosie, und du Hilda. Mrs. Leroy hat mir schon von euch erzählt, sie läßt euch vielmals grüßen.«

»Mrs. Leroy wird uns die beiden noch ganz verziehen«, meinte Brentner.

»Ich kann mir nicht denken, daß irgend jemand diese beiden reizenden jungen Damen verziehen könnte«, erwiderte Bony. »Wie ich von Mrs. Leroy hörte, kennen beide wunderschöne Eingeborenensagen. Ich hoffe, daß sie mir gelegentlich ein paar erzählen.«

»Das werden sie bestimmt«, meinte Brentner. »Habe ich nicht Tessa mit dem Tee gesehen?«

Die Besucher wurden zum Taghaus geführt, dessen Geräumigkeit und Einrichtung eine Überraschung boten. Es war rund und enthielt viele bequeme Sessel, Bücherregale, einen großen Eßtisch, und auf dem Boden lagen mehrere Teppiche.

Das junge Eingeborenenmädchen deckte gerade den Tisch. Es wandte sich um, und nachdem sie Oberwachtmeister Howard zugelächelt hatte, richteten sich ihre großen schwarzen Augen langsam auf Inspektor Bonaparte.

»Sie sind also Tessa! Ich freue mich, Sie kennenzulernen«, sagte Bony.

»Guten Tag, Inspektor. Sehr freundlich von Ihnen.«

»So, und nun machen wir es uns bequem. Wie wär's mit einer Tasse Tee?« schlug Brentner vor und zwinkerte Hilda zu. »Unsere Freunde müssen genauso am Verdursten sein wie ich – wo ich den ganzen Tag so schwer gearbeitet habe.«

»Dabei hat er nichts weiter getan als Zeitschriften über Viehzucht gelesen«, erklärte seine Frau. Brentner grinste und wollte wissen, ob Inspektor Bonaparte verheiratet sei.

Tessa schenkte den Tee ein, und die Kinder reichten den Gästen und ihren Eltern mit ernsten Gesichtern die Tassen.

»Würden Sie alle mir einen Gefallen tun?« begann der Inspektor. »Eigentlich sind es sogar zwei. Als erstes bitte ich Sie zu vergessen, daß ich Polizeibeamter bin. Und dann nennen Sie mich doch bitte Bony. Meine Frau ruft mich so, meine drei Söhne ebenfalls, und ich hoffe, daß Sie es ebenso halten. Mrs. Leroy hat mir diesen Wunsch auch erfüllt.«

Eine kleine Hand legte sich auf sein Knie.

»Dürfen wir Sie auch Bony nennen, Inspektor Bonaparte?« fragte Hilda mit Piepsstimme.

»Natürlich. ›Inspektor Bonaparte‹ ist ja auch etwas reichlich lang, nicht?«

Hilda nickte und trat wieder zu ihrer Schwester.

Schließlich meinte Kurt Brentner, daß seine Gäste gewiß dienstliche Dinge zu besprechen hätten, und dafür sei sein Büro der richtige Ort. Bony erklärte sich sofort einverstanden. Er hoffe aber, fügte er hinzu, daß Mrs. Brentner später gleichfalls hinüberkomme.

Das Büro bot ebenfalls eine Überraschung. Es war geräumig, und zwei gläserne Doppeltüren führten auf die Veranda. Der Blick fiel zunächst auf den schwarzen Funkapparat, aber wenn man von den beiden Stahlschränken absah, die das Rollpult flankierten, hatte dieser gemütliche Raum nichts Büromäßiges an sich. Brentner bat seine Gäste, Platz zu nehmen, und Bony trat an die Verandatür. Er blickte über die unendliche Wüste bis zu den wie Goldbarren schimmernden Bergen am Horizont.

»Mrs. Leroy erzählte uns, daß Mrs. Brentner den Krater Luzifers Couch genannt hat«, sagte er. »Das ist viel bildhafter als die offizielle Bezeichnung. – Gestatten Sie, daß ich die Verandatüren schließe?«

»Durchaus nicht. Kühl?«

»Nein. Auf der Veranda könnte es sogar sehr angenehm sein.« Nachdem Bony beide Türen geschlossen hatte, setzte er sich in den Sessel neben dem niedrigen Tischchen, auf dem Dosen mit Zigaretten und Tabak standen. Dann lächelte er. »Wir Polizisten sind mißtrauische Leute, müssen Sie wissen.«

»Das gehört schließlich zu Ihrem Handwerk«, erwiderte Brentner gut gelaunt.

»Von klein auf wird uns das Mißtrauen eingetrichtert«, sagte Bony, immer noch lächelnd. »Bevor uns Mrs. Brentner Gesellschaft leistet, hätte ich gern einiges über die örtlichen Verhältnisse erfahren. Ich habe den Bericht gelesen über den Toten im Krater – aber eben nur flüchtig. Wenn ich mich nicht irre, haben Sie Ihr ganzes Leben in diesem Teil Australiens zugebracht. Sie müßten also die Eingeborenen sehr gut kennen. Gibt es eigentlich eine Sage über Luzifers Couch?«

»Ich habe nie davon gehört«, antwortete Brentner. »Aber unsere Tessa kann Ihnen diese Frage genau beantworten. Sie interessiert sich für Sagen.«

»Gut, dann werde ich sie später fragen. Übrigens, behandeln Sie bitte unsere Angelegenheit streng vertraulich. Schließlich müssen wir von der Voraussetzung ausgehen, daß der Tote nicht ohne Wissen der Abos in den Krater gelangen konnte. Ich meine die Eingeborenen hier in Deep Creek, drüben in Beaudesert, die Nachbarstämme, und unten im Süden die Wilden in der Wüste. Sind Sie der gleichen Meinung?«

»Ja, aber –«

»Pardon! Im Augenblick sind für mich noch alle Möglichkeiten offen. Der Mord kann von den hiesigen Abos, von den Wilden, aber ebensogut von Weißen begangen worden sein. Eins möchte ich deshalb feststellen: Der Tote konnte nicht ohne Wissen der Abos in den Krater gebracht werden, und es konnte auch kein Fremder in dieses Gebiet gelangen – weder von den Kimberleybergen im Norden noch aus der Wüste im Süden –, ohne das Tagesgespräch bei allen umliegenden Stämmen gebildet zu haben. Sind Sie ebenfalls dieser Meinung?«

»So wie Sie es geschildert haben, durchaus.«

»Dann gibt es drei Möglichkeiten: erstens, daß der Mord von Weißen begangen wurde; zweitens, daß er von den Schwarzen begangen wurde; und drittens, daß er von Schwarzen und Weißen gemeinsam begangen wurde. Also: weiß, schwarz und schwarzweiß. Schade, daß wir nicht noch gelb hinzufügen können. Ich liebe es, wenn meine Fälle möglichst kompliziert sind.«

»Na, dieser Fall ist doch wohl kompliziert genug«, brummte Howard.

»Mrs. Leroy glaubt, daß Ihre Abos mit denen von Beaudesert verwandt sind, und das sind Kimberleyneger. Aber wie vertragen sich Ihre Schwarzen mit den Wilden?«

»Da hat es seit Jahren keine ernstlichen Schwierigkeiten gegeben. Das Stammesgebiet unserer Abos dehnt sich ungefähr vierzig Meilen nach Süden und schließt den Krater ein.«

»Noch etwas: Glauben Sie, daß Ihre Abos genauso die Gewohnheiten der Weißen angenommen haben wie der Stamm drüben in Beaudesert?«

Brentner verneinte mit Nachdruck.

»Verzeihen Sie, wenn ich Sie langweile. Aber können Sie mir sagen, wem Ihre Abos näherstehen: den Wilden oder den Eingeborenen in Beaudesert?«

»Das ist schwer zu sagen. Aber ich glaube doch, daß sie den Wilden näherstehen. Im übrigen langweilen Sie mich durchaus nicht.«

»Vielen Dank. Und nun erzählen sie mir doch von Tessa. Wie kam es, daß Sie das Mädchen adoptiert haben?«

»Tja, das ist jetzt neun Jahre her. Ich saß eines Abends mit meiner Frau im Taghaus, als plötzlich ein kleines Mädchen zur Tür hereingestürmt kam und sich meiner Frau zu Füßen warf. Sie umklammerte ihre Beine und bat flehentlich, bei uns bleiben zu dürfen. Am nächsten Tag sollte sie auf Stammesart mit einem Eingeborenen getraut werden, der glatt ihr Großvater hätte sein können. Meine Frau verlangte sofort, daß ich dies unterbinde. Sie war noch nicht lange hier und verstand natürlich das Problem nicht. Rose nahm das Kind kurzentschlossen mit ins Bad, steckte es in die Wanne und anschließend ins eigene Bett. Dann schloß sie die Tür ab und ließ mich die Sache ausbaden. Wider Erwarten machten die Abos keine Scherereien, und am nächsten Morgen war Rose immer noch entschlossen, diese Heirat zu verhindern. Ich ging also ins Eingeborenenlager und hielt ein Palaver mit Häuptling Gup-Gup und Poppa, dem Medizinmann. Zum Schluß kaufte ich das Kind dann für ein paar Pakete Tabak, und wir adoptierten das Mädchen. Sie hat sich recht gut gemacht, wie Sie wohl selbst gesehen haben.«

»Allerdings. Und wie nahe steht sie noch zu ihren Leuten?«

»Sie besucht ab und zu ihre Mutter im Camp – das ist alles. Sie lebt bei uns, gehört zur Familie. Mich nennt sie Kurt, und meine Frau Rose. Rose hat ihre Erziehung übernommen, und wir beabsichtigen, sie aufs Lehrerinnencollege zu schicken. Unsere Kinder unterrichtet sie schon jetzt. Sie hat sehr gute Kenntnisse, und wir sind beide stolz auf unsere Tessa. Beweist wieder mal,

was man bei diesen Schwarzen erreichen kann, wenn man frühzeitig mit der Erziehung anfängt und sie von ihren Eltern
trennt.«

»Es zeigt wohl eher, was Liebe vermag. Und was ist mit
diesem Captain?«

»Diesen Namen haben ihm meine Kinder gegeben«, erklärte
Brentner. »Vor mir war Leroy hier Verwalter. Er heiratete dann
in Broome ein Mädchen von der Heilsarmee. Sie haben seine
Frau ja kennengelernt. Ein Trauerspiel, daß sie blind werden
mußte. Auf jeden Fall versuchte sie, den Eingeborenenkindern
etwas Christentum beizubringen. Captain ist flink bei der Hand,
wenn man ihm mit neuen Ideen kommt, aber bei den anderen hat
Mrs. Leroy wohl nicht viel erreicht. Sie schickte Captain zu
einem Pater nach Derby, der ihn die Schule besuchen ließ. Bis zu
seinem fünfzehnten Lebensjahr ging auch alles ganz prächtig.
Dann geschah, was wir alle erwarteten: er tauchte wieder hier
auf. Aber das kann er Ihnen selbst alles viel besser erzählen als
ich. Seine Handschrift kann man geradezu bewundern. Aber Sie
wissen ja, wie es so geht.«

»Drücken Sie sich ruhig deutlicher aus.«

»Als er zurückkam, steckte er voller konfuser Ideen«, fuhr der
Viehzüchter fort. »Wir waren erst einige Monate hier, und Rose
gab sich alle erdenkliche Mühe mit seiner Erziehung. Aber er
gewöhnte sich nicht an unser Leben wie Tessa. Es war zu spät. Er
gehörte ins Eingeborenencamp, und da er Gup-Gups Enkelkind
ist, steht er wohl unter sehr großem Einfluß. Er ist aber auch kein
hundertprozentiger Eingeborener mehr. Er steckte immer beim
Koch und tat allerlei Arbeiten, die ihm niemand aufgetragen
hatte. Einige Jahre nach seiner Rückkehr fand ich ihn eines Tages
schlafend in der Sattlerei. Er war über einem Buch eingeschlafen.
Daraufhin unterhielten wir uns einmal in aller Ruhe, und das
Ende vom Lied war, daß ich ihm eins von den kleinen Häuschen
überließ, in denen das Personal wohnt. Rose gab ihm Bücher,
und schließlich wurde er so eine Art Aufseher über die Schwarzen. Brauchte ich Viehtreiber, suchte er die tüchtigsten aus. Er
reitet die Pferde zu. Er ist jederzeit hilfsbereit. Meist ißt er

zusammen mit dem Koch. Meinen beiden Mädels bringt er das Spurenlesen bei und erzählt ihnen Eingeborenensagen. Und durch ihn komme ich sehr gut mit den Abos aus.«

»Wie alt mag er jetzt sein?«

»Ungefähr fünfundzwanzig.«

»Hat er eine Lubra – eine Eingeborenenfrau?«

»Nicht daß ich wüßte.«

»Und nun zum Koch. Er heißt –« Bony schwieg und erhob sich, als Mr. Brentner eintrat. »Willkommen bei unserer kleinen Konferenz.«

3

Als Sekretärin hatte Rose Brentner gelernt, auch auf Nebensächlichkeiten zu achten, und so bemerkte sie sofort, daß Bony ihr einen Platz anbot, auf dem sie das Licht im Rücken hatte, während es voll auf das Gesicht des Inspektors fiel. Sie fragte sich, ob er damit etwas bezweckte oder ob es lediglich Eitelkeit wäre. Sie merkte außerdem, daß seine anfängliche Reserviertheit einer gewissen Arroganz gewichen war. Ihr Mann und Oberwachtmeister Howard schienen durchaus einverstanden, daß Bony diese Konferenz leitete. Rose hatte einen Draufgänger erwartet, doch vorhin im Taghaus war dieser Mann freundlich und charmant gewesen. Nun spürte sie, daß der Inspektor genau wußte, was er wollte.

Kurt Brentner erzählte nun von Jim Scolloti, dem Koch, von seiner langen Zugehörigkeit zur Farm und seiner Verläßlichkeit, solange er keinen Alkohol witterte. Rose bemerkte, daß Bony kein Wort entging, obwohl er gelangweilt aus dem Fenster zu blicken schien.

»Sie haben zwei weiße Cowboys«, sagte der Inspektor schließlich.

»Nur diese beiden«, erwiderte Brentner. »Die Kinder haben auch ihnen Spitznamen gegeben: Old Ted und Young Col. Sie

werden sie beim Dinner kennenlernen. Old Ted ist sechsund-
zwanzig, Young Col zwanzig. Beide sind keine gewöhnlichen
Viehhirten, sie haben beide das College besucht. Old Ted besitzt
sogar etwas Vermögen. Er hat es von seinen Eltern geerbt, die bei
einem Autounfall ums Leben gekommen sind. Der Vater von
Young Col besitzt einige Farmen unten in der Riverina. Er
möchte gern, daß sein Sohn eine davon übernimmt, aber der will
nicht von hier weg – genau wie Old Ted. Col ist jetzt vier Jahre
bei uns, Old Ted sieben.«

»Und Sie sind, soviel ich weiß, zehn Jahre hier. Sie haben die
Station von Mr. Leroy übernommen, der sie vor achtzehn Jahren
gegründet hat. Es gibt also zwei weiße Cowboys, den Koch und
Sie selbst: vier weiße Männer. Können Sie mir sagen, was Ihre
Leute an den sechs Tagen getan haben, die der Entdeckung der
Leiche vorangingen?«

Brentner wollte aufstehen, doch Bony bat ihn mit einer Handbewegung, wieder Platz zu nehmen.

»Einen Augenblick bitte noch. Nach Meinung der Ärzte war
dieser Mann mindestens drei, höchstens sechs Tage tot. Er wurde
drei Meilen von hier entfernt gefunden, auf dem Weidegebiet der
Deep-Creek-Farm – und hier bedeuten drei Meilen soviel wie
anderswo ›dicht vor der Hintertür‹.«

Brentner holte aus einem Stahlschrank ein dickes Tagebuch.
Ungeduldig blätterte er die Seiten um, er konnte sich kaum noch
beherrschen.

»Sie wollen über sechs Tage Bescheid wissen, Inspektor.
Schön, beginnen wir am einundzwanzigsten April. An diesem
Tag trieben Old Ted und vier Eingeborene eine Viehherde nach
Beaudesert, wo sie von einem Treiber übernommen wurde, der
sie dann nach Derby brachte. Young Col und ein Abo waren bei
Eddy's Well. Sie haben dort kampiert. Ich fuhr mit Rose und den
Kindern um zehn Uhr nach Hall's Creek. Am zweiundzwanzig-
sten April kehrten wir zurück, allerdings nur bis Beaudesert, wo
wir über Nacht blieben. Old Ted kam mit dem Vieh dort an, und
Young Col war noch bei Eddy's Well. Am Dreiundzwanzigsten
kamen wir vormittags gegen elf Uhr wieder zu Hause an, und

Old Ted kam gegen vier aus Beaudesert zurück. Young Col war immer noch an Eddy's Well. Er kehrte am nächsten Tag heim, am Vierundzwanzigsten. An diesem Tag arbeitete ich hier im Büro, und Old Ted in der Sattlerei. Am Fünfundzwanzigsten hatten wir einen Ruhetag. Am Sechsundzwanzigsten bereiteten wir uns auf die Viehzählung vor, zu der wir am Siebenundzwanzigsten um sieben Uhr morgens aufbrachen. An diesem Tag wurde die Leiche vom Flugzeug aus entdeckt. Genügt das?«

»Gab es in dieser Zeit Unruhe bei den Abos oder Schwierigkeiten mit ihnen?«

»Nein, sie waren ruhig wie immer«, antwortete Brentner und setzte sich wieder.

»Vielen Dank. Und nun möchte ich Ihnen meine eigene Position erklären. Ich bin von meiner Dienststelle den Bundesbehörden zur Verfügung gestellt worden, um auf zwei Fragen die Antworten zu finden. Die erste Frage lautet: Wie konnte dieser Mann so tief in das Gebiet der Kimberleys eindringen, dort bis in den Krater gelangen und den Tod finden, ohne daß seine Anwesenheit von einer der vielen Farmen gemeldet wurde? Die zweite Frage ist: Was hat dieser Mann vor seinem Tod getan? Man weiß bereits, wer er ist, deshalb ist die Beantwortung dieser Fragen so wichtig für die Bundesbehörden. Andererseits interessiert man sich dort weniger dafür, wie er ums Leben kam.«

»Oh!« entfuhr es Rose Brentner. »Wer war er denn?«

»Das habe ich auch gefragt, aber man hat mich nicht informiert. Man hielt dies für unwesentlich für die Lösung meiner Aufgabe. Außerdem hat aber auch die Polizei von Westaustralien um meine Unterstützung bei der Aufklärung des Mordes nachgesucht. Es sieht also ganz so aus, als ob ich zwei Herren dienen müßte.«

Rose Brentner beobachtete, wie die schlanken braunen Finger eine Zigarette drehten. Dann musterte sie das dunkelbraune Gesicht, das keinerlei Eingeborenenzüge aufwies. Dieses Gesicht war weder rund noch lang, die Nase gerade, der Mund sensibel. Die kräftigen Brauen schirmten die ungewöhnlich blauen Augen wie Markisen ab, und das dichte schwarze Haar wurde an den Schläfen grau. Plötzlich sah Bony sie an, und sie senkte ihren Blick vor der Kraft seiner blauen Augen.

»Ich glaube, wir sind uns einig, daß jeder, der durch die Kimberleyberge kommt, über Funk weitergemeldet wird, wenn er eine Viehstation passiert. Jeder Fremde bietet ja hier Gesprächsstoff, und außerdem liegt es bei den riesigen Entfernungen zwischen den einzelnen Farmen auch im Interesse des Reisenden selbst.«

Bony wandte sich nun an Brentner, und Howard beugte sich vor, als fürchte er, etwas zu verpassen.

»Zweifellos kennen Sie sich in dieser Nordwestecke von Australien sehr gut aus, und damit Sie mich richtig verstehen, möchte ich als Vergleich einen geöffneten Fächer benützen. Die Spitze dieses Fächers legen wir auf Luzifers Couch. Am linken Flügel entlang liegen ein halbes Dutzend Farmen am Wege nach Derby. Im Zentrum ein halbes Dutzend, dazu die Stadt Hall's Creek und die Straße nach Wyndham. Entlang dem rechten Schenkel liegen die Farmen am Weg nach Darwin. Unser Unbekannter kommt nun auf einem dieser Wege in den Kimberleydistrikt, denn eine andere Möglichkeit besteht nicht. Meiner Meinung nach könnte er sonst lediglich von Süden her durch die Wüste gekommen sein, und das wäre eine Entfernung von mehr als tausend Meilen. Er kann die Wüste auch nicht durchqueren, ohne von den Wilden entdeckt zu werden. Aber er kann auch nicht durch die Kimberleys kommen, ohne von den Farmern und den dort ansässigen Eingeborenenstämmen entdeckt zu werden. Wir wissen, daß die Abos ein Nachrichtensystem haben, das schon jahrhundertealt ist, und daß im Vergleich dazu die Spionageabwehr unseres Landes geradezu laienhaft anmutet. Verzeihen Sie, wenn ich mich wiederholen sollte. Aber ich bitte um Ihre Unterstützung. Ihre Eingeborenen wissen, wer diesen Mann getötet und in den Krater gelegt hat. Sie haben vielleicht nichts mit dem Verbrechen zu tun, aber die Stammesältesten kennen bestimmt nähere Einzelheiten. Deshalb werden wir keine Eingeborenen ins Vertrauen ziehen – auch Captain und Tessa nicht. Werden Sie daran denken?«

Rose Brentner erhob sich lächelnd. »Natürlich, Bony. Aber jetzt schauen Sie auf die Uhr! In einer Stunde gibt es Dinner, und ich muß mich noch umziehen. Können wir uns nicht nach dem Essen weiterunterhalten?«

»Ich werde Ihre Gastfreundschaft wahrscheinlich einige Wochen in Anspruch nehmen müssen, da will ich Sie nicht mit ein und demselben Thema langweilen.«

Hier gäbe es kein langweiliges Thema, erwiderte Rose lächelnd. Dazu habe man zuwenig Kontakte mit der Außenwelt.

Dann führte man Bony zu einem freundlichen Zimmer, von dessen Fenstern aus man einen herrlichen Blick auf den Garten und die Bäume hatte. Der Inspektor zog sich rasch um – glücklicherweise hatte Howard ihm einen diesbezüglichen Wink gegeben – und machte sich auf den Weg ins Speisezimmer, als der Triangel ertönte. Der Hausherr, Howard und zwei junge Männer standen bereits an der Kredenz, und man bot Bony Bier oder Sherry an.

Der blauäugige Mann mit rotem Bart wurde ihm als Old Ted vorgestellt, und ein Junge, der kaum älter als sechzehn wirkte, als Young Col. Young Col hatte überlanges Blondhaar, und seine braunen Augen blitzten schalkhaft. Beide hatten eine sehr gepflegte Aussprache.

»Wir haben schon von Ihnen gehört, Inspektor«, sagte Young Col und hob sein Glas. »Aber nichts Schlechtes. Oder irre ich mich, Ted?«

»Diesmal nicht«, erwiderte der Bärtige und hob ebenfalls das Glas. »Auf das Wohl unseres Gastes. Möge sein Aufenthalt bei uns immer angenehm sein.«

»Das wird er bestimmt, vorausgesetzt, Sie sagen Bony zu mir.«

»Sehr gern. Was meinen Sie dazu, Chef?« fragte Old Ted.

»Es ist einfacher auszusprechen«, pflichtete der Viehzüchter bei.

Tessa trat mit den beiden Kindern ein. Bony begrüßte sie, und gleich darauf erschien ein großer, dünner Mann in weißer Kochkleidung. Er trug eine große Platte, und eine junge Eingeborene in schwarzem Kleid, mit weißer Schürze und Häubchen trug ein Tablett.

Bony fühlte sich in dieser Gesellchaft sehr wohl, und das lag vor allem daran, daß Rose Brentner eine so souveräne Gastgeberin war. Ihr Mann plauderte, die beiden jungen Leute neckten Howard, und die Kinder platzten immer wieder mit Fragen dazwischen, ohne deshalb aufdringlich zu wirken. Sie versprachen Bony, ihn mit Mr. Lamb bekannt zu machen, und es stellte sich heraus, daß dies ihr Lieblingsschaf war. Außerdem gab es eine Mrs. Bluey, die Mutter von fünf süßen kleinen Hunden war, und ein zahmes Känguruh, das die Kinder Bob Menzies getauft hatten.

Bony lernte Mr. Lamb am folgenden Morgen kennen. Er hatte mit Howard verabredet, wann er über Funk erreichbar sei, und blickte nun dem Polizeijeep nach, der am jenseitigen Bachufer verschwand. Plötzlich stießen ihn zwei massive Hörner sanft gegen die Beine. Die kleine Hilda erklärte, daß Mr. Lamb eine Zigarette wünsche, und dann ließ sie sich lang und breit über die Tugenden und Laster von Mr. Lamb aus, bis sie von der Mutter ins Schulzimmer gerufen wurde.

Rose winkte dem Inspektor, und er folgte ihr zur Veranda.

»Trinken wir eine Tasse Tee«, meinte sie. »Ich sterbe vor Neugier und möchte alles über Sie wissen. Die Männer haben den ganzen Vormittag zu tun, da will ich meine Chance nützen.«

»Über mich weiß doch jeder Bescheid«, entgegnete Bony.

»Aber ich nicht, und ich bin sehr neugierig. In unseren Augen sind Sie ein sehr ungewöhnlicher Mann.«

»Ich bin der ungewöhnlichste Mann von ganz Australien«, erwiderte der Inspektor lachend. Dann erzählte er ihr von seinen Vorfahren und seiner beruflichen Laufbahn. Zum Schluß fragte er, ob er noch einmal dienstlich werden dürfe, und sie nickte.

»Ich hätte gern von Ihnen gehört, wie es an dem Tag war, als aus dem Flugzeug der Zettel abgeworfen wurde«, sagte er. »Es war ein schlimmer Tag, wie?«

»Allerdings. Von dem Moment an, an dem ich den Zettel gelesen hatte, ging alles schief.«

»Hm. Sie konnten den Funkapparat nicht in Betrieb bringen, aber als dann Mr. Leroy kam, klappte es sofort. Wäre es da nicht möglich, daß jemand den Funkapparat absichtlich betriebsunfähig gemacht hatte, damit Howard nicht sofort verständigt werden konnte? Und bevor dann Leroy eintraf, wurde der Apparat rasch wieder in Ordnung gebracht. Was halten Sie davon?«

»Ich weiß, davon wurde schon gesprochen. Aber wer sollte so etwas tun? Nein, ich glaube vielmehr, daß Jim und ich zu aufgeregt waren, daß wir ganz einfach den Funkapparat falsch bedienten. Wir kennen uns ja beide nicht gut aus damit.«

»Und wie ist es mit Captain und Tessa?«

»Die können Sie ruhig außer Betracht lassen. Die beiden haben überhaupt keine Ahnung von diesen Dingen.«

»Schön. Auf jeden Fall mußte Scolloti erst nach Beaudesert fahren, und auf diese Weise wurde Howard mit fast einem Tag Verspätung verständigt. Vielleicht war dieser eine Tag wichtig. Ich weiß es nicht.«

»Aber warum sollte jemand den Funkapparat außer Betrieb setzen?«

Bony zuckte die Achseln. »Das Leben wäre sehr einfach, wenn wir auf jede Frage immer gleich die Antwort wüßten. Als Sie mit Scolloti vors Haus kamen, waren alle verschwunden – bis auf die Kinder. Sogar Tessa, und sie kam erst nach Sonnenuntergang mit Captain zurück, oder besser gesagt, Captain brachte Tessa nach Hause. Tessa weinte, und ihr Kleid war zerrissen, als habe man sie mit Gewalt nach Hause geschleppt. Howard gegenüber wurde behauptet, der Stamm habe sich plötzlich entschlossen, auf Wanderschaft zu gehen, was an sich nicht ungewöhnlich ist. Tessa und Captain sind mitgezogen, und auch das ist normal, denn beide gehören dem Stamm an. Wie hat Tessa nun das alles Ihnen gegenüber erklärt?«

»Daß sie zunächst mit den anderen losgezogen wäre, es sich dann aber anders überlegt habe, als Captain sie zur Umkehr aufgefordert habe.«

»Bitte!« Bony blickte Rose durchdringend an, und sie konnte

der Macht der blauen Augen nicht ausweichen. »Vor neun Jahren suchte ein Kind Ihren Schutz. Dieses Mädchen erlebte nie die bei den Eingeborenen üblichen Reiferiten, es wurde vielmehr von Ihnen adoptiert. Heute hat sie fast völlig die Lebensgewohnheiten der Weißen angenommen. Sie kleidet sich geschmackvoll und hat ein tadelloses Benehmen. Sie ist intelligent und äußert recht kluge Gedanken. Und dann sollte sie einfach mit ihrem Stamm davonlaufen, sobald man es ihr sagt? Nein – ich möchte wissen, wie sie es erklärt hat, bitte!«

»Hm, als ich sie fragte, wollte sie mir zunächst überhaupt nichts sagen. Dann erklärte sie, es sei ihr unverständlich, warum sie weggelaufen sei. Zum Schluß verriet sie dann, daß die Lubras ihr gewinkt hätten und sie in diesem Augenblick einen inneren Zwang verspürt habe, ihnen zu folgen. Kurt meint, es gäbe so etwas wie einen geballten Willen des Stammes. Glauben Sie das auch?«

»Gewiß. Aber was führte dazu, daß der Stamm diesen Willen auf Tessa ausübte? Sie waren doch mit den Kindern völlig allein; denn der Koch fuhr nach Beaudesert. Sie gingen dann mit den Kindern ins Camp und stellten fest, daß alle Eingeborenen verschwunden waren. Nachdem Sie zurückgekehrt waren, reinigten Sie die Gewehre Ihres Mannes und entschlossen sich, im Lagerschuppen zu übernachten, weil der Ihnen am sichersten schien. Und dann kam am frühen Abend Captain mit Tessa zurück. Das Mädchen weinte, und ihr Kleid war zerrissen. Das Bild ist an sich durchaus klar, aber irgend etwas stimmt nicht.«

4

Im Gegensatz zu den Eingeborenen Inneraustraliens sind die Abos der Kimberleys hochgewachsen und kräftig, und sie bewegen sich anmutig. Man hält es für möglich, daß diese Stämme von den melanesischen Inseln eingewandert sind und die Wilden in das unwirtliche Innere vertrieben haben, genau wie die eigentlichen Ureinwohner Australiens nach Tasmanien vertrieben wurden, bevor es sich vom Festland löste und eine Insel wurde.

Captain war ein typischer Kimberleyneger. Er war einsfünfundsiebzig groß, gut gebaut und kräftig, was aber zum Teil auch auf Jim Scollotis gutes Essen zurückzuführen war. Die Narben auf dem Rücken bewiesen, daß er die Mannbarkeitsriten mitgemacht hatte, das Fehlen derartiger Narben auf der Brust aber verriet, daß er noch nicht zur Elite des Stammes gehörte.

Bony beobachtete ihn beim Zureiten eines jungen Wallachs. Der Schwarze befand sich mit dem Pferd in einem Führring und folgte dem Tier immer im Kreis herum, das Zaumzeug in der Hand. Er war fest entschlossen, es dem Pferd über die Ohren zu ziehen – heute, morgen oder irgendwann. Einer von beiden würde zuerst müde werden, aber bestimmt nicht der Eingeborene. Einer von beiden würde die Geduld verlieren, aber bestimmt nicht der Eingeborene. Captain trug alte Blue jeans und folgte dem Pferd mit der Ausdauer eines Dingos.

Da er offensichtlich nicht gestört werden wollte, sattelte Bony die Rotschimmelstute, die man ihm zur Verfügung gestellt hatte, und ritt hinaus in die Wüste zu Luzifers Couch. Der Inspektor hatte um ein ruhiges Tier gebeten, aber der Rotschimmel war fast etwas zu ruhig. Die Stute war nicht zu einem Galopp zu bewegen. Sie gab deutlich zu verstehen, daß man um zwei Uhr nachmittags nicht die Farm verließ. Da Bony keine Reitgerte bei sich hatte, blieb ihm nichts übrig, als dem Tier seine Absätze in die Flanken zu bohren.

Der Himmel war wolkenlos, kein Lüftchen regte sich. Die Sonne hatte den Zenit überschritten, und Sträucher, Grasbüschel und die Spuren im Sand warfen scharfe Schatten. Die Eukalyptusbäume am Bach schimmerten in einem opalisierenden Grün. Diese Baumreihe wich langsam nach links zurück, aber der Goldklumpen am Horizont schien nicht näher zu kommen. Wieder einmal mußte Bony feststellen, wie trügerisch dieses Land war, wo man keine Entfernungen schätzen konnte und flaches Land sich als Dünenlandschaft entpuppte, während sich eine riesige Sanddüne plötzlich flach wie ein Billardtisch erwies.

Er folgte der gut sichtbaren Spur, die im Laufe der Ermittlungen von den Autos hinterlassen worden war. Widerwillig hatte die Stute eine schärfere Gangart einschlagen müssen, und nun erreichte Bony den äußersten der drei Geröllwälle, die den Krater umgaben. Er war kaum einen halben Meter hoch und bestand teilweise aus Sand. Die Autos hatten ihn ohne jede Mühe überwunden.

Der nächste, der mittlere Ring, war ungefähr einen Meter hoch aufgeworfen, und da man größere Steinbrocken beiseite geräumt hatte, konnten auch hier die Wagen ohne weiteres passieren. Jetzt endlich sah man, daß Luzifers Couch kein Goldklumpen am Horizont, sondern ein flacher, breiter Hügel war. Im Licht der seitlich stehenden Sonne hatte man den Eindruck, daß Goldkörner mit Gewalt gegen einen Pechwall geschleudert worden waren.

Als Bony am inneren Ring ankam, schien Luzifers Couch greifbar nahe, obwohl sie noch eine Viertelmeile entfernt war. Man hatte auch diesen Wall passierbar gemacht, indem man eine mehrere Meter breite und knapp zwei Meter tiefe Passage geschaffen hatte. Die Stute trug Bony über den sanften Hang zum Fuß der golden schimmernden Felsfront.

Bony wandte sich nun nach Süden und ritt an der Kraterwand entlang. Der Krater mochte einen Umfang von einer Meile haben.

Als er mit Howard hier gewesen war, hatte er gemerkt, daß der Wall fast gleichmäßig hoch war. Lediglich an einer Stelle befand sich ein Einschnitt, und dort war der Wall nur rund fünfzehn Meter hoch. Bony ritt weiter bis zu dieser Stelle. Hier stieg er ab und band das Pferd an einen kräftigen Jambulbaum.

Nun kletterte er wie auf einer steilen Treppe von Felsen zu Felsen, und als er die tiefste Stelle des Einschnitts erreicht hatte, betrachtete er Luzifers Couch. Erneut konnte er die Perfektion dieses kosmischen Bombardements bewundern. Das einzige Lebewesen, das er entdecken konnte, war ein Adler. Er glitt über den Wall hinunter in den Krater, und mit einigen wenigen trägen Schlägen seiner gewaltigen Schwingen strich er über den gegenüberliegenden Wall davon.

Der Adler befand sich gewiß auf der Jagd nach einem Leguan oder einer Eidechse, die im warmen Sonnenschein döste. Bony hätte zu gern gewußt, ob sich dieser große Vogel noch daran erinnerte, wie hier ein Toter gelegen hatte. Die Sträucher unten im Trichter wirkten wie zottiges Büffelgras, und die wenigen Büsche an der Kraterwand wie dünne Grasstengel. Luzifers Couch! Unvergeßlich mußte der Anblick von Luzifers Sturz gewesen sein. Bony kam sich angesichts dieses gigantischen Naturdenkmals plötzlich einsam und verlassen vor.

Er riß sich zusammen und grübelte wieder über das Problem nach, das ihn hierhergebracht hatte. Warum wollte man einen Toten über diesen hohen Wall schleppen und in den ausgetrockneten Trichter legen? Hier gab es Tausende von Quadratmeilen Wüste. Warum hatte Kain Abel nicht dort begraben, wo er ihn erschlagen hatte? Warum hatte er die Leiche in diesen Krater gebracht? Und warum hatte er sie so offen hingelegt, daß sie von jedem Flugzeug aus gesehen werden konnte? Warum hatte er den Toten nicht zwischen den Sträuchern versteckt, die um den Trichter standen? Das paßte weder zur Psyche des Weißen noch zu der des halbzivilisierten Eingeborenen oder der des Wilden in der Wüste.

Was hätte er wohl selbst getan, wenn er einen Toten über diesen gewaltigen Kraterwall zu tragen gehabt hätte? Zunächst würde er sich die niedrigste Stelle aussuchen, also die Stelle, an der er jetzt saß. Ein Weißer, der sich obendrein in Panikstimmung befand, würde allerdings nicht erst nach der niedrigsten Stelle suchen, sondern den Wall dort überklettern, wo er ihn erreicht hatte. Die Wilden hingegen würden unbedingt die niedrigste Stelle wählen; denn sie hätten den Toten ja nicht von ihren Frauen tragen lassen können. Weiß oder Schwarz – das war die primäre Frage, die es zu lösen galt.

Bony kletterte über die Felsbrocken hinunter in den Krater. Er ging etwa zwanzig Meter auf den Mittelpunkt zu, ohne die geringsten Spuren zu finden. Nun wandte er sich zur Seite und schritt – immer im gleichen Abstand zur Kraterwand – eine volle Runde ab. Er betrachtete die Holzpflöcke im Boden, die die Lage der Leiche angaben, und kam schließlich wieder an den Ausgangspunkt zurück. Er hatte eine Menge Spuren von Schuhen und von nackten Füßen gesehen, und dabei hatte er eine Entdeckung gemacht.

Die schwarzen Tracker hatten gewußt, daß der Tote ein Weißer war. Sie hatten den Auftrag erhalten, nach den Spuren eines oder mehrerer Weißer zu suchen, und da sie der Ansicht waren, daß jeder Weiße Spuren hinterließ, hatten sie am Fuße der Kraterwand überhaupt nicht gesucht. Und sie hatten auch nicht nach der Stelle gesucht, an der der Kraterwall überquert worden war.

Der Mann aber, der den Instinkt eines Eingeborenen und die Vernunft eines Weißen besaß, suchte die Bestätigung für seine Theorie, daß der Tote über die niedrigste Stelle des Walles getragen worden war.

Bony kletterte die steile Kraterwand wieder hinauf, benützte diesmal aber auch die Hände, damit er das Felsgestein besser sehen konnte. Dabei kletterte er im Zickzack, um die gesamte Kraterwand unterhalb des Einschnitts im Auge zu behalten. Schließlich fanden seine Hände, was er nicht sehen konnte. Seine Fingerspitzen tasteten über die scharfen Kanten eines abgesplitterten Steins, der weder durch Regen und Wind noch durch die sengende Sonne verwittert war, was erneut bewies, daß der Meteor nicht schon vor vielen hundert Jahren heruntergekommen war. Allerdings waren diese Kanten nicht so scharf, seine Finger oder die nackten Füße der Eingeborenen zu verletzen.

Zwei Stunden kletterte er an der Kraterwand umher, und als er sich schließlich in den Paß setzte und eine Zigarette rauchte, waren seine Hände rauh und die Beine schmerzten. Die Sonne stand tief über den Bergen im Norden, und ihre weit in die Wüste reichenden Hänge leuchteten purpur und dunkelblau. Die im Westen liegende Kraterwand war wie mit Indigo überzogen, während die gegenüber aus purem Gold zu bestehen schien.

Bony stand auf und beobachtete die Sonne, die über einen

fernen Felsturm flimmerte. Seine Rechte strich über die linke Tasche seiner Jacke, in der ein Umschlag mit einigen Stoffasern steckte. Er war überzeugt, daß es sich um Sackleinen handelte, und zweifellos hatten die Männer, die den Toten in den Krater gebracht hatten, sich damit die Füße umwickelt, um keine Spuren zu hinterlassen.

Die Wilden würden keine Sackleinwand benützen. Sie würden überhaupt keine Säcke besitzen.

Die Sonne schien jetzt den Felsturm in der Ferne in Flammen gesetzt zu haben, und die umliegenden Gipfel verwandelten sich in eine Kette aus pastellfarbenen Juwelen. Inspektor Bonaparte selbst schien plötzlich aus Gold zu bestehen, ebenso wie die Felsbrocken rechts und links.

Im Zwielicht dieser Zauberwelt ritt er heimwärts, und die Erregung über seine Entdeckung beflügelte ihn. Auch die Stute mußte nicht angetrieben werden; denn sie witterte die Weide.

Die Wilden konnte er nun aus dem Kreis der Verdächtigen ausschalten; denn die Sackfasern bewiesen, daß Männer mit Stiefeln den Toten in den Krater gebracht hatten. Das konnten Weiße gewesen sein, aber auch Eingeborene, die als Viehtreiber beschäftigt wurden. Sie konnten ebensogut vom Deep Creek wie von Beaudesert gekommen sein, wobei die Entfernung allerdings eher auf Deep Creek schließen ließ.

Am Abend unterhielten sich die Brentners mit ihren beiden Gehilfen über die Besichtigungsfahrt einiger Abgeordneter durch den Kimberleydistrikt, und da Bony sich nicht dafür interessierte, wie die Steuergelder ausgegeben wurden, zog er sich sehr bald zurück. Er holte ein Paar Schuhe aus seinem Koffer, die Sohlen aus Schafwolle besaßen, so daß man beim Laufen keine Spuren hinterließ. Dann ging er ins Bett und schlief bis vier Uhr.

Als Bony am frühen Morgen das Haus verließ und dem Bachufer folgte, war es kalt, und der Mond war nicht zu sehen. Er trug seine gewöhnlichen Reitstiefel, hatte aber die Schaffellschuhe an den Schnürsenkeln um den Hals gehängt. Am Firmament huschten die Meteore dahin, und es verging selten eine volle Minute, ohne daß eine Sternschnuppe aufgeleuchtet hätte. Als er die Furt erreichte, an der er zusammen mit Howard den Bach überquert hatte, waren am östlichen Himmel die ersten Vorboten des neuen Tages zu erkennen.

Die Furt, die Farm und Luzifers Couch bildeten ein gleichschenkliges Dreieck, dessen Seiten je drei Meilen lang waren. Bis zum Krater waren es also noch drei Meilen. Bony zog sich die Schaffellschuhe an und ging bis zu einer Gruppe von Jambulbäumen, wo er Deckung fand. Nun war er noch ungefähr eine Meile von dem großen Kraterwall entfernt. Er brauchte nicht mehr lange zu warten, dann war es hell genug, um alles genau betrachten zu können.

Von hier aus sah der Kraterwall eintönig grau aus. Hätte Bony sich umgeschaut, würde er gesehen haben, wie die Berge sich aus grauem Dämmer lösten und in rosige Türme mit gespenstisch grünen Zinnen verwandelten. Doch ihn interessierten allein Luzifers Couch und das Pferd, das an demselben Baum angebunden war, an dem er auch er am Vortag die Rotschimmelstute angebunden hatte. Da erschien auch schon ein Mann um die Südkurve des Walls, band das Pferd los und ritt in scharfem Galopp zur Farm zurück.

Das hatte er zwar erwartet, aber er wollte sichergehen. Dieser Mann war also vor Tagesanbruch zum Krater geritten, hatte – sobald es hell genug war – die Hufeindrücke des Rotschimmels bis zu dem Jambulbaum verfolgt und war dann Bonys Spuren nachgegangen, um zu sehen, wo er die Kraterwand erklettert hatte. Aber der Mann hatte natürlich keine Ahnung, daß der Inspektor die Sackfasern entdeckt hatte.

Bony kehrte zum Bach zurück, vertauschte die Schaffellschuhe mit den Reitstiefeln und schlenderte zur Farm zurück. Die Schaffellschuhe hatte er jetzt allerdings unter der Jacke versteckt. Sollte man sich dafür interessieren, wo er gewesen war, würde man seine Spur bis zur Furt verfolgen können, aber nicht weiter.

Die Pferdekoppeln waren leer. Das Pferd, das er draußen am Krater gesehen hatte, mußte also von der Weide genommen worden sein. Als Bony durch den Garten auf das Herrenhaus zuschlenderte, sah er einige Lubras beim Wäschewaschen. Captain trat aus seinem Häuschen, und ein Eingeborener, der ohne Sattel ritt, brachte die Arbeitspferde in die Koppel. Es war durchaus möglich, daß dieser Mann draußen im Krater gewesen war. Eine der Lubras fiel Bony besonders auf, weil sie ein blaues Band im Haar trug. Kurze Zeit später konnte er beobachten, wie diese junge Frau am Bachufer entlangging. Ganz offensichtlich folgte sie seinen Spuren.

5

Bevor die Viehstation am Deep Creek errichtet worden war, hatte sich das Hauptlager der Eingeborenen siebzig Meilen weiter westlich an einem permanenten Wasserloch befunden. Als dann am Deep Creek das Herrenhaus gebaut und ein Staudamm errichtet wurde, um das ganze Jahr über einen gleichbleibenden Wasservorrat zu erhalten, wurde das Wasser auch zu einer Bachbiegung geleitet, um den Abos einen Anreiz zu bieten, sich hier niederzulassen. Ein weiterer Vorteil für die Schwarzen bestand darin, daß sie in der Nähe einer Farm stets ihr Essen und die jungen Männer Arbeit fanden. Außerdem hatte Gup-Gup der Verlegung des Lagers gern zugestimmt, weil das frühere Camp zu dicht bei einer Ortschaft gelegen hatte, wodurch ein schlechter Einfluß auf seine Leute ausgeübt worden war.

Die Eingeborenen gehörten zum westlichen Zweig des Volkes der Bingongina und waren deshalb entfernt mit dem Stamm der Musgrave verwandt.

Häuptling Gup-Gup hatte schon viele Jahre über seinen Stamm geherrscht, bevor das Camp nach dem Deep Creek verlegt wurde. Die Übersiedlung erfolgte zwanzig Jahre nach dem Fall des Meteors, und genau wie die Leute in Hall's Creek hatte auch Gup-Gup den Feuerball herunterkommen sehen.

Niemand konnte Bony sagen, wie alt der Häuptling eigentlich

war. Über dem Band aus Schlangenhaut lugte das zottige weiße Haar hervor. Die eingefallene Brust war mit alten Narben übersät, und auf dem Rücken war das Totem der Froschmenschen eingeritzt. Arme und Beine bestanden nur noch aus Haut und Knochen. Doch trotz seines hohen Alters leuchteten die schwarzen Augen in jugendlichem Feuer.

An diesem Morgen saß der Häuptling wie üblich vor einem kleinen Feuer, in das er von Zeit zu Zeit trockene Äste schob, die die Lubras für ihn sammelten. Hinter ihm stand seine Hütte, die noch aus Ästen und Baumrinde gebaut war; denn er verachtete das Wellblech und die Säcke des weißen Mannes. Er verachtete auch die Kleidung des weißen Mannes, und deshalb hatte er außer dem Lendenschurz und dem Beutel aus Känguruhhaut, den er an einem aus Menschenhaaren geknüpften Faden um den Hals trug, nichts weiter an. Er saß, weil er nicht mehr fähig war, nach Eingeborenenart auf den Fersen zu hocken, und weil er sämtliche Zähne verloren hatte, berührte die Nasenspitze fast das Kinn.

Die kühle Nacht war einem warmen Tag gewichen, und das Camp mit seinen Hütten aus Blech und Säcken, die kreisförmig um das gemeinsame Feuer errichtet waren, hallte wider von dem vergnügten Geschrei der Kinder und dem Geschwätz der Frauen, die sich mit allerlei unwichtigen Dingen beschäftigten. Die Männer palaverten an kleinen Feuern. Ohne diese Feuer war ein Eingeborenenlager überhaupt nicht denkbar. Als der allgemeine Lärm plötzlich tiefer Stille wich, hob Gup-Gup den Kopf und erblickte Inspektor Bonaparte, der ungefähr fünfzehn Meter entfernt auf den Fersen hockte.

Poppa, der Medizinmann, ging auf den Häuptling zu. Er war noch nicht ganz fünfzig, athletisch gebaut, und hatte ein zerfurchtes Gesicht. Doch ohne die Insignien seiner Würde und ohne Kopfband wirkte er ziemlich nichtssagend. Er trug eine Drillichhose mit einem ausgefransten Loch am rechten Knie, und in diesem Aufzug mußten zwangsläufig jede Autorität und der Hauch des Geheimnisvollen verlorengehen.

»Plötzlich ist er da, dieser Polizeimann von der Farm«, rief er laut. Er atmete schwer vor Erregung, und seine Augen blitzten. »Er ist der erste, der sich uns unbemerkt nähern konnte. Es muß daran liegen, daß seine Mutter eine Lubra war.«

»Möglich«, meinte Gup-Gup und legte die glühenden Enden von fünf Zweigen zusammen, um das Feuer anzufachen, als wolle er damit den Besucher willkommen heißen. »Ein weißer Polizeimann würde auf dem Pferd hereingeritten kommen, Fragen stellen und Befehle erteilen. Dieser aber kommt mit Anstand. Dieser bittet um Erlaubnis, das Lager der Fremden betreten zu dürfen. Man führe ihn zu mir.« Poppa rief zwei junge Männer etwas zu, und sie erhoben sich, um den Besucher zu begrüßen. »Er ist es, der zu den Mördern von Wachtmeister Stenhouse das Gesetz der Weißen brachte. Er ist ein kluger Mann.«

Bony kam, von den beiden jungen Männern gefolgt, näher. An seinem breitkrempigen Filzhut war das Abzeichen der Polizei von Westaustralien befestigt. Er trug eine Uniformjacke aus Drillich, und auf den Schulterklappen befanden sich drei breite schwarze Streifen. Nur Bony allein wußte allerdings, was sie bedeuten sollten. Gup-Gup und Poppa aber sahen sie als die Abzeichen eines hohen Ranges an. Als Bony bei dem Häuptling angekommen war, musterte er wortlos das Lager und die schweigenden Abos, die plötzlich alle zurückwichen. Dann hockte er sich auf die Fersen und blickte die beiden Stammesführer über das Feuer hinweg an.

»Mein Vater und meine Mutter und mein Onkel und mein Sohn sprachen vor langer Zeit von dir, Gup-Gup. Illawalli war der Häuptling des Stammes meiner Mutter.«

»Ich habe gehört von Illawalli vom Stamme der Cassowary«, erwiderte Gup-Gup mit ausdruckslosem Gesicht. »Er lebte und starb in weiter Ferne.« Seine Stimme nahm einen wärmeren Klang an. »Er vererbte auch dir die Sitten unseres Volkes. Ich habe viel von dir gehört. Du warst dabei, als der Mörder von Jacky Musgrave nach den Gesetzen des schwarzen Mannes getötet wurde. Du fandest den Mörder von Wachtmeister Stenhouse, und er wurde nach den Gesetzen des weißen Mannes verurteilt.

Ich weiß, daß Illawalli dich geweiht hat.« Der alte Häuptling rückte einige Ästchen zurecht und starrte tiefsinnig ins Feuer. Weder Bony noch Poppa sprachen, und schließlich blickte der Häuptling in die blauen Augen des Inspektors.

»Du weißt viel«, sagte Bony. Er drehte sich eine Zigarette, beging aber nicht den Fehler, zum Anzünden ein Ästchen aus Gup-Gups Feuer zu nehmen. »Auch ich weiß viel. Ich weiß, warum du das Camp hier aufgeschlagen hast. Das war klug. Ich weiß auch, daß du in deinem Feuer die Zukunft sehen kannst. Du weißt, daß ich ein großer weißer Polizeimann bin und kein schwarzer Spurensucher. Du weißt, daß ich alles sehen kann, was in deinem Kopf vorgeht, und daß ich keine Angst vor Medizinmännern habe.«

»Ich weiß auch, daß du vor langer Zeit beinahe gestorben wärst, weil der Medizinmann des Stammes der Kalshut das Deutebein auf dich richtete«, erwiderte Gup-Gup.

Diese Bemerkung versetzte Bony einen ziemlichen Schock, denn die Kalshut lebten sechzehnhundert Meilen entfernt, und der Vorfall hatte sich bereits vor fünfzehn Jahren zugetragen. Doch er ließ sich nichts anmerken. Er wollte gerade etwas entgegnen, als der weniger erfahrene Poppa sich einmischte.

»Zu Alchuringas Zeiten hat ein junger Mann seinen Medizinmann beschimpft«, erklärte er pathetisch. »Der Medizinmann berührte die Zunge des jungen Mannes, zauberte Federn darauf und befahl dem Mann, davonzulaufen. Die Federn wurden zu Schwingen, die ihn auf einen hohen Baum trugen. Da sprach die Zunge: ›Ich bin müde von dieser Fliegerei.‹ Und die Federn sagten: ›Wir sind ebenfalls müde.‹ Und da fielen sie von der Zunge ab, der junge Mann stürzte vom Baum und war tot.«

»Im vergangenen Sommer«, erwiderte Bony seelenruhig, »hat ein Medizinmann einen weißen Polizeimann beschimpft. Der weiße Polizeimann nahm die Hände des Medizinmannes und steckte sie in eine stählerne Fessel. Dann schob er den Medizinmann in einen Affenbrotbaum, in einen Baobab, schloß die Tür zu und sagte ihm, er solle ruhig ausbrechen, wenn er könne. Nun befand sich der Medizinmann in einer sehr dummen Lage, denn er hatte nicht nur an den Händen, sondern auch an den Fußgelenken Stahlfesseln. Da begann er den weißen Polizeimann mit seinen Zaubersprüchen zu verfluchen, und dabei wurden die Stahlfesseln immer heißer und immer heißer. Schließlich verwandelten sie sich in zwei Schlangen, die ihn in kleine Stücke bissen. Und diese kleinen Stücke entwichen durch einen Riß im Stamm des Baobab und tanzten über die Sanddünen davon, aber niemals mehr werden sie sich zusammenfinden, um einen Medizinmann zu bilden.«

Gup-Gup kicherte leise.

»Poppa, verschließe deine Zunge hinter deinen Zähnen«, sagte der Häuptling. »Die alten Männer brauchen deine Medizin. Die jungen Männer sollen Furcht vor dir haben. Bei den Lubras sollst du für Disziplin sorgen. Aber das alles kannst du nicht, wenn du im Gefängnis sitzt. Ich weiß es. Vor langer Zeit war ich nämlich einmal im Gefängnis.« Der Häuptling kicherte wieder. »Der weiße Polizeimann und seine drei Tracker waren sehr müde, als sie mich endlich ins Gefängnis stecken konnten. Aber sie haben mich gekriegt.« Die Stimme wurde plötzlich schneidend. »Hör endlich auf, wie eine alte Lubra zu schwatzen, Poppa. Der große Polizeimann wird uns sagen, warum er gekommen ist, ja?«

»Als ob du das nicht längst wüßtest, Gup-Gup«, entgegnete Bony. »Ich wollte von dir etwas über den Toten hören, den man im Krater gefunden hat.«

»Davon wissen wir nichts. Er war ein weißer Mann. Wahrscheinlich ein Mord unter weißen Männern«, antwortete Gup-Gup ruhig, nahm ein Stöckchen aus dem Feuer und tötete mit dem glühenden Ende einen Tausendfüßler, der aus dem Holzstapel gekrochen kam.

»Du weißt also nichts davon!« brummte Bony. »Du kannst mir zwar sagen, wer vor fünfzehn Jahren das Deutebein auf mich gerichtet hat, und das geschah auf der anderen Seite der Welt. Aber du kannst mir nicht sagen, wer den weißen Mann im Krater getötet hat. Anscheinend braucht dieser Stamm einen neuen Häuptling und einen neuen Medizinmann. Vielleicht solltet ihr beide eine Weile im Gefängnis sitzen. Ihr würdet mir nicht in kleinen Stücken entkommen, aber selbst wenn es euch gelingen sollte, wäre es mir egal, denn daraus würde doch nie wieder ein Gup-Gup und ein Poppa werden.«

Der Medizinmann interessierte sich plötzlich nur noch für Gup-Gups Feuerstäbchen, doch die Hände des Häuptlings verrieten deutlich, daß die ihm im Augenblick gleichgültig waren. Er wirkte wie eine zum Leben erwachte Mumie.

»Ich weiß, daß ihr sehr klug seid«, fuhr Bony fort. »Aber ich bin ebenfalls klug. Das Gesetz des weißen Mannes sagt, daß nicht getötet werden darf. Das ist euch bekannt, und ihr seid euch auch klar darüber, daß ich weiß, daß kein Mensch ohne euer Wissen in den Krater kommen kann. Also versucht mir nicht einzureden, daß ihr nichts von dem Toten gewußt hättet, bevor er vom Flugzeug aus entdeckt wurde. Deshalb seid ihr nämlich an dem Tag auf Wanderschaft gegangen, an dem das Flugzeug über den Krater flog.«

»Wir sind auf Wanderschaft gegangen wegen der Reiferiten für unsere jungen Männer und Lubras«, erwiderte Poppa.

»Ich habe gehört, daß es im Stamm überhaupt keine jungen Männer oder Frauen gab, die für diese Riten reif waren«, entgegnete Bony. Er wußte ganz genau, wie lange die Vorbereitungen für die Reifezeremonien dauerten. »Also schön, ihr könnt es ja beweisen. Ruft die jungen Männer und Lubras zusammen, damit ich sie mir ansehen kann. Die Narben müssen ja noch ziemlich frisch sein. Also los, Gup-Gup, ruf sie zusammen.«

»Unsere jungen Männer und Frauen waren ja noch gar nicht reif«, erwiderte Gup-Gup. »Wir machten uns auf den Weg zu den Feiern der jungen Männer von Beaudesert. Wir gehören zusammen. Geht der Stamm von Beaudesert auf Wanderschaft, gehen auch wir auf Wanderschaft. Das Gesetz des weißen Mannes verbietet es nicht. Wachtmeister Howard hat uns nicht befohlen, immer im Camp zu bleiben.«

»Dann war es also gelogen, daß ihr wegen der Reifefeiern eurer Jungen und Mädchen auf Wanderschaft gegangen seid. Sobald ich verlange, sie herzurufen, windet ihr euch wie der Tausendfüßler, den Gup-Gup umgebracht hat.« Über Bonys Gesicht glitt ein spöttisches Lächeln. Die beiden Schwarzen sahen es und hörten auf, Tabak zu kauen. »Natürlich war es nicht die rechte Zeit. Niemand konnte ja ins Feuer schauen und prophezeien, daß ein Flugzeug über den Krater fliegen würde. Deshalb hattet ihr überhaupt keine Zeit, die jungen Leute vorzubereiten. Ihr wußtet, wann ich mit Wachtmeister Howard Beaudesert verließ und nach Deep Creek kam; denn das hat euch ein Schwarzer gesagt, der ins Feuer geschaut hatte. Aber das Flugzeug hat niemand im Feuer gesehen. Deshalb wußtet ihr auch nicht, daß es über den Krater fliegen würde. Ganz einfach, wie?«

Die beiden Schwarzen blickten nur auf Bonys Mund. Ihre Augen verrieten keinerlei Regung. Es schien, als habe sich vor die glühenden Pupillen ein Vorhang gesenkt. Damit wollten sie weniger Inspektor Bonaparte ausschließen, als vielmehr sich selbst gegen das Eindringen der fremden Gewalt schützen. Bony hatte dies schon oft erlebt und wußte aus Erfahrung, wie fruchtlos jeder Versuch war, diesen Vorhang durchdringen zu wollen. Er drehte sich eine Zigarette und rauchte sie in aller Ruhe zu Ende. Erst dann begann er wieder zu sprechen.

»Ihr beide bildet euch ein, schlau zu sein. Vielleicht seid ihr aber auch sehr dumm. Du bist der Häuptling Gup-Gup, und du der Medizinmann Poppa, und ihr beide herrscht gemeinsam über euren Stamm. Ihr und eure Leute haben hier satt zu essen. Ihr lebt in Ruhe und Frieden; denn das Gesetz des weißen Mannes schützt euch vor Angriffen, und ihr selbst braucht ebenfalls niemanden zu bekämpfen. Du, Gup-Gup, kannst dich noch gut an die Zeit erinnern, als ewig Krieg herrschte und deine Leute an einigen wenigen Tagen im Überfluß zu essen hatten, während sie die längste Zeit hungern mußten. Du sitzt hier im Warmen, und du hast deinen Stamm nach den Gesetzen des schwarzen Mannes zusammengehalten, so daß deine Leute immer glücklich sein können. Und warum ist das alles so? Ich will es euch erklären: Man hat euch geraten, euer Camp an den Deep Creek zu verlegen, weil ihr da ausreichend Wasser und Essen findet. Eure jungen Männer können für die Station arbeiten, und ihr alle erhaltet ausreichend Tabak. Hall's Creek liegt weit weg, Fitzroy

Crossing noch weiter. Hier am Deep Creek aber kannst du über deinen Stamm herrschen, und Poppa kann darauf achten, daß eure Gesetze und Sitten eingehalten werden. Nicht so in Broome oder Darwin. Dort haben die Schwarzen schon viele Gewohnheiten der Weißen angenommen. Sie sind erledigt. Das wißt ihr. Und deshalb wißt ihr auch genau, was aus euren Leuten geworden wäre, wenn ihr nicht zum Deep Creek gekommen wäret. Ihr wißt genau, daß diese Schwarzen ihrem Häuptling die Zunge rausstrecken und ihrem Medizinmann keinen Krümel Tabak geben. Sie ziehen von Camp zu Camp, schlafen heute mit dieser Lubra und morgen mit einer anderen. Sie verdienen das Geld des weißen Mannes und kaufen dafür schmutziges Feuerwasser. Das wißt ihr beide alles ganz genau.«

Bony seufzte und drehte sich eine neue Zigarette. Die beiden Eingeborenen beobachteten seine flinken Finger, dann blickten sie ihm unter tief heruntergezogenen Lidern hervor wieder in die Augen.

»Da wird also ein weißer Mann getötet«, fuhr der Inspektor ruhig fort.

»Der Mann wird in den Krater gelegt. Jemand muß ihn ja hingelegt haben; denn er besaß keine Flügel. Nun gehört dieser Krater zu eurem Stammesgebiet, und nicht nach Beaudesert. Du erzählst mir, daß du der Häuptling bist, und du Poppa, du willst der Medizinmann sein – und ihr beide wollt mir weismachen, daß ihr nichts davon wüßtet. Ihr wißt genau, wie viele Adler über eurem Gebiet fliegen, wer in euer Gebiet kommt und wer es verläßt. Ihr wißt deshalb auch, wer diesen weißen Mann getötet und in den Krater gebracht hat. Ihr stempelt euch damit selbst zum Narren, Gup-Gup. Nun könnte der weiße Mann behaupten, daß ihr viel zu große Narren seid, die man nicht länger frei herumlaufen lassen darf. Nicht ich, aber das Gesetz des weißen Mannes könnte euch beide ins Gefängnis stecken und eure Leute an einen anderen Ort bringen. Und wenn ihr dann eines Tages aus dem Gefängnis kommt, strecken euch die jungen Männer und Lubras die Zungen heraus und jagen euch mit Schimpf und Schande davon. Das würde geschehen, wenn ihr – ich sage ausdrücklich wenn –, Gup-Gup und du, Poppa, ins Gefängnis geworfen würdet.«

Tiefes Schweigen trat ein, bis der Medizinmann schließlich einen tiefen Seufzer ausstieß.

»Dieser tote weiße Mann hat nichts mit uns zu tun«, sagte er. »Und wir haben nichts mit ihm zu tun.«

Wieder senkte sich Schweigen über die Männer, und die Barriere, die dieses uralte Volk von dem Repräsentanten einer fremden Rasse trennte, wurde noch unüberwindlicher.

Wortlos rauchte Bony zwei Zigaretten, dann erhob er sich und kehrte zum Herrenhaus zurück.

6

Das negative Ergebnis seines Besuches bei Gup-Gup und dem Medizinmann bedrückte Bony nicht weiter. Diese beiden Männer hatten sich völlig normal benommen.

Wahrscheinlich war Gup-Gup beim Ableben des alten Häuptlings von den Stammesältesten zu seinem Nachfolger gewählt worden. Bony hielt es für möglich, daß er bereits seit siebzig Jahren herrschte. Damals war der Stamm noch eine Horde Wilder gewesen, nun aber lebten sie mit den Weißen in friedlicher Koexistenz. Es war dem Häuptling gewiß nicht entgangen, daß durch die Berührung mit der Zivilisation die Auflösung des Stammes bereits langsam begonnen hatte. Dies hatte er Mrs. Leroy, die sein volles Vertrauen besaß, selbst gesagt.

Poppa war höchstwahrscheinlich noch von seinem Vorgänger in das Amt des Medizinmannes eingeweiht worden, nachdem er aufgrund seiner besonderen Qualitäten ausgewählt und ausgebildet worden war. Die harten körperlichen Proben, die er zu bestehen gehabt hatte, entsprachen den jahrhundertealten Bräuchen. Die weißen Ärzte kurierten mit Arznei und Mitgefühl, Poppa kurierte mit Kräutern und Furcht. Ein weißer Priester verhütet manche Sünde durch die Drohung mit dem Fegefeuer,

Poppa hingegen verhindert, daß seine Stammesgenossen auf die schiefe Bahn geraten, indem er ihnen mit dem Kudatichamann und der Großen Schlange droht. Was Freud in seinen Schriften niederlegte, war den Schwarzen schon längst bekannt, hatte Poppa schon zu Beginn seiner Ausbildung gelernt.

Diese beiden ungewaschenen schwarzen Aristokraten waren keine Dummköpfe – Machiavelli hätte sie gewiß im höchsten Maße bewundert. Sie würden sich bestimmt nicht der Gefahr aussetzen, mit dem Gesetz in Konflikt zu kommen, indem sie ein an sich geringfügiges Verbrechen deckten, das jemand von ihren Leuten begangen hatte – wenn zum Beispiel jemand etwas von der Farm gestohlen oder einen Weißen getötet hätte, der sich mit einer Lubra eingelassen hatte. Bony war überzeugt, daß die beiden Eingeborenen sich nur deshalb vor ihm verschlossen, weil sie einem Weißen gegenüber loyal sein wollten oder Furcht hatten vor einem benachbarten Stamm, der mächtiger war und sich weniger nach den Gesetzen der Weißen richtete.

Bony saß am Ufer des Deep Creek auf einem Baumstamm und blickte nachdenklich über das Wasser, das hier gestaut wurde. Die Stelle war gut gewählt; der Bach hatte sich hier eine tiefe Biegung gegraben, so daß sich nun ein hundert Meter breites Staubecken gebildet hatte. Wasserläufer und andere Insekten flitzten unermüdlich über die weite Wasserfläche, die Schatten der tanzenden Blätter spielten eine lautlose Melodie.

Bony saß mit dem Rücken zum Haus und bemerkte Mr. Lamb erst, als er kräftig in den Rücken gestoßen wurde. Nachdem Bony Mr. Lamb mit einer Zigarette zufriedengestellt hatte, erschienen auch Rosie und Hilda Brentner. Sie nahmen zu beiden Seiten des Inspektors Platz und trommelten mit den Füßen gegen den Baumstamm.

»Schauen Sie sich unser Staubecken an?« fragte Hilda.

»Ja, ich dachte gerade, wie schön es ist – mit all diesen Insekten und den Schatten, die auf dem Wasser tanzen. Es scheint sehr tief zu sein. Sicher badet hier niemand?«

»O doch«, erwiderte Rosie. »Wir baden im Staubecken. Nicht direkt hier an dieser Stelle, aber weiter oben, wo das Wasser seichter ist. Old Ted bringt uns das Schwimmen bei. Tessa kann schwimmen, aber sie mag nicht mehr.«

»Warum denn nicht ?« Bony horchte interessiert auf.

»Eines Tages schwamm sie hier im Becken, und da kam Captain dazu. Er hat sie tüchtig ausgelacht, und nun mag sie nicht mehr ins Wasser gehen. Können Sie schwimmen?«

»Nur wenn ich hineinfalle. Eure Eltern haben nichts dagegen, wenn man hier im Staubecken schwimmt?«

»Nein. Fürs Haus gibt es genügend Regenwasser in den Tanks«, entgegnete Rosie.

»Es kommt vom Dach herunter, wenn es regnet«, erklärte Hilda naseweis.

»Aha, ich verstehe. Spielt ihr eigentlich mit den kleinen Buben und Mädchen vom Camp?«

»Manchmal«, antwortete Hilda. »Dann gehen wir alle zusammen mit Captain spazieren. Er führt uns hinaus in die Wüste, und Alfie oder ein anderer geht voraus und versucht, seine Spuren zu verwischen. Captain zeigt uns dann, wie wir sie trotzdem finden können.«

»Ihr habt Captain sehr gern, wie ich sehe.«

»Captain ist der wundervollste Mensch von der Welt – außer Daddy natürlich«, erklärte Hilda, doch ihre Schwester schien anderer Ansicht zu sein.

»Nein, nicht Captain, sondern Old Ted.«

»Der nicht«, beharrte Hilda. »Captain hat ihn besiegt. Wir haben es doch gesehen.«

Rosie stand auf und baute sich zornig vor ihrer Schwester auf. »Das ist ein Geheimnis! Wir haben Tessa fest versprochen, es niemandem zu erzählen.«

Die kleine Hilda biß sich auf die Unterlippe und drohte in Tränen auszubrechen. Tessa habe gewiß gemeint, es niemandem von der Farm zu erzählen, sagte Bony rasch. Er aber gehöre doch nicht zur Farm, also bleibe das Geheimnis auch so gewahrt. Damit waren die Tränen getrocknet, noch bevor sie fallen konnten, und Bony fragte die Mädchen, ob sie ihm nicht ihre Lieblingstiere zeigen möchten.

Die beiden Mädchen faßten ihn an den Händen und führten ihn zu Mrs. Bluey mit ihren kleinen Hündchen. Dann zogen sie ihn zu einem großen Flugkäfig, der ungefähr hundert Nymphensittiche beherbergte, und zum Schluß besuchten sie Bob Menzies, das zahme Känguruh, das einen eigenen Pferch besaß. Die ganze Zeit trottete Mr. Lamb geduldig hinterdrein und brachte sich nur ab und zu durch einen Stoß gegen Bonys Rücken in Erinnerung.

»Wir haben gesehen, wie Sie Mr. Lamb eine Zigarette gegeben haben«, sagte Hilda vorwurfsvoll.

»Er scheint Zigaretten gern zu haben.«

»Er frißt auch Preßtabak«, erklärte Rosie. »Er stibitzt ihn immer von Jim, wenn er unbemerkt in die Küche gelangen kann. Auch Kartoffeln stiehlt er.«

»Und was sagt Jim dazu?« fragte Bony amüsiert.

»Er jagt Mr. Lamb zur Tür hinaus und droht immer wieder, er würde ihn erschießen. Natürlich sagt er das nur so. Würden Sie vielleicht Jim fragen, ob er heute morgen Himbeertörtchen gebacken hat?«

»Oh! Glaubt ihr denn, daß er uns welche gibt? Na, dann wollen wir's mal versuchen.«

Durch die offene Küchentür konnten sie sehen, daß Jim in der Küche arbeitete. Die beiden Mädchen hielten sich schüchtern im Hintergrund, während Bony auf den Koch zuging. Er befand sich noch knapp zwei Meter von der Küchentür entfernt, als er von hinten einen gewaltigen Stoß verspürte und durch die offene Tür in die Küche geschleudert wurde, wo er auf allen vieren zu Füßen des Kochs landete.

»Das ist wohl die neueste Art, meine Küche zu betreten« zeterte Jim Scolloti und betrachtete kopfschüttelnd Inspektor Bonaparte. »Aber wahrscheinlich hat Sie dieses vermaledeite Schaf hereinbugsiert. Man sollte es endlich einmal ordentlich versohlen.«

Bony stand auf, nahm seine ramponierte Würde zusammen und blickte zur Tür hinaus. Mr. Lamb musterte ihn mit einem geradezu satanischen Grinsen, während die beiden kleinen Mäd-

45

chen mit ernsten Gesichtern herübersahen und offensichtlich zu ergründen suchten, ob der Koch ein paar Himbeertörtchen herausrücken würde. Bony war wütend, aber dann siegte doch sein Sinn für Humor.

»Dieses vermaledeite Schaf sollte man allerdings einmal ordentlich versohlen«, meinte er. »Ich bin noch nie von einem Stier auf die Hörner genommen worden, aber das dürfte auch kein anderes Gefühl sein. Doch ich kam eigentlich aus einem ganz anderen Grund zu Ihnen. Falls Sie heute morgen Himbeertörtchen gebacken haben sollten, wollte ich Sie fragen, ob Sie eine Kostprobe hätten.«

Scollotis lebhafte dunkle Augen blitzten auf, und er zupfte sich nachdenklich an seinem grauen Bärtchen. Hinter ihm auf einem Arbeitstisch standen mehrere große Platten mit Torten und Backwaren. Ob er heute am Konditern sei, meinte Bony.

»Ja, Inspektor«, erwiderte Scolloti. »Und diese beiden kleinen Wildfänge wissen das natürlich ganz genau. Aber Sie wollte man bestimmt nur durch die Tür schubsen. Mir ist es einmal genauso gegangen. Mr. Lamb ist der größte Lochbillardspieler von Australien.«

»So fühle ich mich auch«, meinte Bony und setzte sich seufzend auf eine Kiste neben den Tisch, währen der Koch auf dem Stuhl Platz nahm. Er blickte zur Tür und dann wieder zu Bony.

»Man könnte es auch Rugby nennen«, meinte der Koch. »Ich habe selbst früher Rugby gespielt. Aber da ist das Tor ein ganzes Stück größer als diese verdammte Küchentür. Ich habe beim Billard schon schöne Bandenstöße gesehen, aber darauf verzichtet Mr. Lamb nun doch. Und das ist wohl auch gut so, denn wenn er erst jemanden gegen den Türpfosten knallt, kann er ihn leicht verletzen.«

»Und wer hat Mr. Lamb diesen Sport beigebracht?« fragte Bony.

»Ein Abo, den wir Captain nennen. Der Boß brachte das Lämmchen von einer Schafstation mit, als Rosie herumzukriechen begann. Als Rosie dann laufen konnte, war Mr. Lamb schon zu einem wahren Prachtburschen herangewachsen. Sie

46

krallte sich an seinem Fell fest und ritt auf ihm durch die Gegend. Mr. Lamb fraß alles – Süßigkeiten, Kartoffeln, Tabak oder Kuchen, sobald er nur etwas klauen konnte. Schließlich überfraß er sich, und wir mußten ihn auf Diät setzen.«

»Was Sie nicht sagen«, murmelte Bony.

»Wir mußten ihm Zucker und Gebäck streichen und dafür die Tabakration erhöhen. Aber Mr. Lamb ist schlau. Eines Nachts fraß er den ganzen Gemüsegarten ratzekahl, da fanden wir heraus, daß er den Riegel zurückschieben und die Tür öffnen kann. Eines Morgens komme ich in die Küche, und da liegt er vor dem Herd. In der Vorratskammer waren ungefähr vierzig Pfund Kartoffeln gewesen, aber er hatte nicht eine einzige übriggelassen.«

»Hat er diese Art Billardspiel eigentlich irgendwo gesehen?« fragte Bony skeptisch.

Scolloti zuckte die Achseln. »Sie werden es nicht glauben, aber Captain hat es ihm beigebracht. Er neckte Mr. Lamb immer, bis der auf ihn zuraste. Einmal erwischte ihn Mr. Lamb und warf ihn gegen den Zaun. Da ist Captain die Idee gekommen. Diese verdammten Abos haben ja nur Dummheiten im Kopf. Captain trieb also zwei Pfähle in den Boden und stellte eine Strohpuppe dazwischen. Dann baute er sich breitbeinig über Mr. Lamb auf und zeigte ihm die Richtung. In kürzester Zeit hatte es Mr. Lamb kapiert. Nun konnte man die Strohpuppe etwas weiter nach vorn stellen, und er feuerte sie genau zwischen den beiden Pfählen hindurch. Soll ich Ihnen was sagen?«

»Schießen Sie los.«

»Ich habe es mit eigenen Augen gesehen. Hier an dieser Stelle habe ich gestanden. Captain kam auf die Küche zu, und weiter drüben stand Rosie mit dem Hammel. Plötzlich richtet sie Mr. Lamb auf Captain, und – na, Sie hätten es sehen sollen! Captain kam in die Küche geflogen, ohne die Türpfosten auch nur zu berühren, und landete drüben an der Wand, genau wie Sie. Ich sagte ihm noch, daß ihm ganz recht geschehe. Seit diesem Tag will Mr. Lamb sich nicht mehr richten lassen. Er zielt jetzt selbst, und zwar haarscharf. Mich hat das Biest auch erwischt, wie ich Ihnen schon erzählt habe, und zwar ganz schön hart. Einmal traf es den Boß, dann Old Ted und noch einige andere. Wir sind ja an seine Gegenwart gewöhnt, und dabei vergißt man, daß er nur auf eine Gelegenheit lauert, jemanden aufs Korn zu nehmen.«

»Na, ich werde ihm bestimmt keine Gelegenheit mehr geben!«

»Da wäre ich nicht so sicher, Inspektor. Wenn man das Biest täglich um sich hat, vergißt man die Gefahr – das meinte auch Old Ted, als es ihn erwischte.«

»Das ist allerdings eine Binsenwahrheit. Aber wäre es vielleicht möglich, daß Rosie oder Hilda Mr. Lamb auf mich gehetzt haben?«

»Das glaube ich eigentlich nicht.« Jim Scolloti runzelte die Stirn, dann blickte er nachdenklich durch die offene Tür. »Natürlich, möglich wäre es schon, daß sie Mr. Lamb einen heimlichen Rippenstoß gegeben haben. Warum arretieren Sie die beiden nicht einfach?«

Es raschelte, Rosie kam in die Küche geschossen und funkelte Scolloti wütend an. Hilda versteckte sich ängstlich hinter ihrer großen Schwester.

»Ich habe Mr. Lamb nicht losgehetzt, Jim Scolloti. Ich war überhaupt nicht in seiner Nähe. Und Sie haben selbst erst gesagt, daß er sich gar nicht mehr richten läßt.«

»Jetzt reg dich bloß nicht auf, du Küken«, meinte der Koch. »Ich habe doch gar nicht behauptet, daß du ihn auf den Inspektor gehetzt hast. Aber ihr habt an der Tür gelauscht!«

»Ganz richtig«, bestätigte Bony mit Amtsmiene. »Du sagst, daß du Mr. Lamb nicht auf mich gehetzt hast, und ich vertraue stets dem Wort einer Lady. Also wäre die ganze Angelegenheit erledigt, oder?«

Aus den braunen Augen wich der Zorn, Rosie nickte und lächelte schief. Scolloti begann plötzlich zu jammern, er werde noch rausfliegen, wenn er jetzt nicht das Lunch fertigmache, sie sollten ihn gefälligst in Ruhe lassen und verschwinden.

Bony packte die Gelegenheit beim Schopf. Er bat noch einmal um Himbeertörtchen, und Scolloti gab jedem zwei Stück. Die drei gingen hinunter in den Garten, setzten sich unter eine

Dattelpalme und begannen schweigend zu essen. Nachdem sich Bony die klebrigen Finger am Taschentuch abgewischt hatte, wandte er sich an Mr. Lamb, der die Krümel und etwas Marmelade vom Boden aufleckte.

»Bony«, sagte die kleine Hilda in diesem Augenblick mit weinerlicher Stimme, »ich habe Mr. Lamb auf Sie gehetzt. Ich tue es nie wieder.«

7

Beim Abendessen hatte Brentner eine Neuigkeit.

»Einige Abgeordnete sind auf Einladung des Innenministers auf dem Weg nach hier«, verkündete er. »Sie haben heute morgen Derby per Auto verlassen und wollen die Kimberleys und das Nordterritorium inspizieren. Sie werden zwei Tage in Hall's Creek bleiben und in Zelten übernachten. Bei dieser Gelegenheit soll eine Versammlung der Viehzüchter abgehalten werden.«

»Oh, fährst du hin?« fragte Rose, und ihr Mann nickte.

»Wir werden zusammen fahren, wenn es dir recht ist.«

»Das wird bestimmt ein netter Ausflug«, murmelte Old Ted. »Es ist ideales Campingwetter.«

»Gewiß«, meinte Young Col. »Aber Zelten ist doch reichlich unbequem.«

»Ach, ich weiß nicht.« Old Ted blickte Brentner bekümmert an. »Wie viele Leute gehören denn zu dieser Gruppe?«

»Sechzehn Abgeordnete, dazu Sekretärinnen und Experten.«

»Sechzehn! Zusammen mit ihren Frauen macht das zweiunddreißig. Das bedeutet sechzehn Wagen, sechzehn Chauffeure, zwei Polizeibeamte in einem Jeep, Koch und Gehilfe mit dem Küchenwagen, und ein Lastwagen mit dem Zeltmaterial und zwei Helfern. Da stimmt doch etwas nicht.«

»Was stimmt denn nicht, Herr Meckerer?« fragte Rose lächelnd.

»Daß es nur sechzehn sind, Mrs. Brentner. Im vergangen

Jahr waren es einundzwanzig, das Jahr davor neunzehn. Und noch ein Jahr früher –«

»Es geht eben abwärts mit unserer Wirtschaft«, meinte Young Col. »Die hunderttausend Arbeitslosen sind der beste Beweis. Nun fahren die Politiker überall im Land herum und predigen Sparsamkeit. Glauben Sie, daß sie diesmal ihre übliche Route verlassen und hierherkommen, Boß? Wir könnten ihnen ja den Krater zeigen, dann könnten wir ihnen Mr. Lamb vorstellen.«

Rosie versuchte das Lachen zu unterdrücken, platzte aber doch los, und ein strafender Blick ihrer Mutter traf sie.

»Wenn diese Politiker aus Canberra nicht hierherkommen, wie sollen sie dann unsere Probleme und Sorgen verstehen, wie sollen dann die riesigen, fast menschenleeren Gebiete erschlossen werden?« fragte Mrs. Brentner. »Ich wüßte nicht, was daran lustig ist. Also, Rosie, warum lachst du?«

»Daran ist Young Col schuld, Mutter. Ich habe mir vorgestellt, wie Mr. Lamb den Minister durchs Gartentor feuert.«

Bony hörte amüsiert zu, mischte sich aber nicht in das Gespräch. Er beobachtete Tessa und sprach mit Hilda, die neben ihm saß. Das kleine Mädchen hatte nicht mit in das Gelächter ihrer Schwester eingestimmt, und Bony sagte ihr, sie solle sich doch nicht länger Gewissensbisse machen wegen der Sache mit Mr. Lamb. Tessa kümmerte sich sehr viel um die Kinder, und die beiden Mädchen folgten widerspruchslos ihren Anordnungen. Das Benehmen der jungen Eingeborenen, ihre Tischmanieren, ihr modischer Geschmack waren zweifellos das Ergebnis von Rose Brentners liebevoller Erziehung.

Später am Abend hatte Bony Gelegenheit, sich mit ihr zu unterhalten, und sie überwand sehr bald die angeborene Zurückhaltung. Sie erzählte, daß sie Anfang des kommenden Jahres auf ein Lehrerinnencollege in Perth kommen solle und sich sehr darauf freue, obwohl sie bestimmt Heimweh nach dem Deep Creek bekommen werde. Sie fragte Bony nach seiner Schulbildung und nach seiner Familie.

»Wenn Sie das College absolviert haben, wollen Sie hier unterrichten, wenn ich recht verstanden habe?« fragte Bony schließlich.

»Ja, Inspektor. Wir möchten Mrs. Leroys Werk fortsetzen. Mr. Brentner hat versprochen, ein Schulhaus zu bauen. Es war immer mein Herzenswunsch, hier als Lehrerin zu wirken.«

»Ausgezeichnet! Ich habe heute morgen mit Gup-Gup gesprochen – glauben Sie, daß er diesen Plan gutheißt?«

Ein winziges Fältchen erschien zwischen den schön geschwungenen Brauen, und ihre ausdrucksvollen Augen funkelten voller Entschlossenheit. »Er wird damit einverstanden sein müssen. Er und Poppa – dafür werden wir schon sorgen. Die beiden glauben, sie könnten für alle Zeiten von ihrem Stamm die Zivilisation fernhalten. Aber das geht nicht. Der Norden wird schon bald erschlossen werden, und immer mehr Leute werden sich hier ansiedeln. Selbst die Politiker wissen, was die Stunde geschlagen hat.«

Bony betrachtete das junge Mädchen jetzt mit anderen Augen. An ihr war nichts Vulgäres, und es fehlte auch die übliche Scheu der Eingeborenenfrauen, sich offen mit einem Mann zu unterhalten.

»Sie sind ein bemerkenswertes Mädchen, Tessa«, sagte Bony, und sie nahm dieses Kompliment mit natürlicher Bescheidenheit entgegen. »Wie Sie vielleicht wissen, bot mir mein Beruf schon oft die Möglichkeit, eine Brücke zwischen Eingeborenen und Weißen zu schlagen. Wenn Sie Ihren Wunsch verwirklichen, werden Sie noch eine viel festere Brücke schlagen können, weil Sie wie eine Weiße denken gelernt haben. Wie oft kommen Sie eigentlich noch ins Camp?«

»Ach, ich besuche manchmal meine Mutter. Es geht ihr nicht besonders gut. Wenn sie nicht wäre, würde ich nur noch höchst selten hinkommen. Vielleicht können Sie sich denken, warum?«

»Möglich. Darf ich raten?«

Tessa nickte, und in ihre Augen trat plötzlich ein flehender Ausdruck.

»Ich bin nur ein Halbblut«, sagte Bony, »aber ich spüre oft die starken Bande, die mich mit der Rasse meiner Mutter verbinden.

Wie stark diese Bande sein können, haben schon viele schwarze Studenten erfahren. Meine stärkste Waffe dagegen ist mein Stolz. Ich bin stolz auf meine Karriere, stolz auf meine Söhne und stolz auf meine Frau, die mir sehr ähnlich ist. Ich habe bis jetzt jede gestellte Aufgabe gelöst, und ich werde auch diesmal nicht versagen. Stolz ist der einzige Felsen, auf den wir bauen können. Habe ich richtig vermutet?«

Sie nickte, aber da das Licht seitlich auf sie fiel, konnte Bony nicht erkennen, ob sie die Augen geschlossen hatte.

»Sie haben recht, Inspektor«, erwiderte sie ruhig. »Ich dachte mir gleich, daß Sie Bescheid wissen, und Ihre Waffe ist wohl die einzig wirksame. Ich muß sie immer wieder benützen.«

»Je weiter Sie auf Ihrem einmal gewählten Weg gegangen sein werden, um so leichter wird es Ihnen fallen, Tessa. Und ich will Ihnen auch verraten, was Ihnen dabei helfen kann. Betrachten Sie einmal Ihre Leute ganz objektiv. Das können Sie besonders gut, wenn Sie die Geschichte Ihres Stammes schreiben, bevor Gup-Gup stirbt und alles Wissen mit ins Grab nimmt. Haben Sie jemals daran gedacht?«

»Ja, daran habe ich schon gedacht«, erwiderte sie ohne Zögern. »Ich hatte auch bereits einen festen Plan, aber dann fand ich heraus, daß Captain sich bereits damit befaßt. Da überließ ich ihm diese Aufgabe und sammelte statt dessen Sagen. Ich hoffe, daß Sie Zeit finden und mir vielleicht noch die eine oder andere beisteuern können.«

»Es wird mir ein Vergnügen sein«, meinte Bony. »Das ist ja eine Überraschung nach der anderen. Captain schreibt also die Geschichte des Stammes! Hoffentlich läßt er sie mich einmal lesen – und wenn Sie nichts dagegen haben, möchte ich mir auch gerne Ihre Sagen ansehen. Anscheinend steht Captain seinem Stamm noch näher als Sie. Ist er denn ebenso gebildet wie Sie?«

Tessa zögerte, und Bony freute sich, daß sie sich ihre Antwort erst gründlich überlegte.

»Er liest viel«, sagte sie schließlich. »Und er hat eine wunderschöne Handschrift. Aber er besitzt nicht die Waffe, die wir in der Hand haben. Ja, ich zeige Ihnen meine Sagen gern, und ich danke Ihnen schon jetzt, daß Sie mir noch einige beisteuern wollen. Meine Sammlung beschäftigt sich hauptsächlich mit den nördlichen Stämmen, eine oder zwei mit dem Stamm der Ilpirra, aber von den Urabunna besitze ich überhaupt noch keine.«

Schließlich trat Old Ted zu ihnen. Das Verhör durch den großen Detektiv habe nun lange genug gedauert, meinte er. Bony ließ sich nicht anmerken, daß er über diese Unterbrechung durchaus nicht erbaut war. Aber als er dann ins Bett ging, war er mit dem Ergebnis des Abends doch recht zufrieden.

Beim Frühstück, das im Taghaus serviert wurde, setzte sich Bony zwischen Young Col und Old Ted. Nur die Männer waren anwesend, die Frauen frühstückten wie üblich später. Es war ebenso üblich, daß nach der kurzen Begrüßung nicht gesprochen wurde, bis die Männer sich die Pfeife gestopft oder eine Zigarette angezündet hatten.

»Sie reiten heute mal zu Eddy's Well, Col«, beendete Kurt Brentner schließlich das Schweigen. »Überprüfen Sie die Pumpen und die Wasserbehälter.« Er wandte sich an den Mann mit dem roten Bart. »Sie wollten Sättel reparieren, Ted. Dabei könnten Sie auch gleich die Pumpen beaufsichtigen. Der Wasserstand in den Tanks ist sehr niedrig, und der Garten müßte mal wieder gesprengt werden. Tessa und die Kinder könnten das besorgen. Die haben diese Planscherei ja gern.«

»Arbeit!« stöhnte Young Col. »Nie wird man damit fertig. Und dabei arbeite ich mir für Sie die Finger wund, Boß. Das Leben bietet überhaupt keine Freude mehr. Nicht einmal der Minister möchte Mr. Lamb kennenlernen. Wäre ich doch auch Kriminalbeamter, dann könnte ich mich auf die faule Haut legen und über ungeklärte Fälle nachgrübeln.«

»Wie wäre es, wenn ich mit Ihnen reite«, sagte Bony. »Ich bin manchmal ein ganz brauchbarer Gesellschafter.«

»Bestimmt ein besserer als ich. Also einverstanden. Und nachdem Sie uns nun die Arbeit zugeteilt haben, Boß, können Sie uns auch verraten, was Sie selbst tun.«

»Ich lege mich auf die Veranda, lese einen Liebesroman und nippe ab und zu an einer Dose Bier«, erwiderte der Verwalter und lachte.

»Was sagst du dazu?« wandte sich Young Col an seinen Arbeitskollegen.

»Wenn ich gerade nicht die Pumpen beaufsichtige und Sättel flicke, werde ich dem Boß die Seiten umblättern und die Bierdose an den Mund halten.«

»Ja, tu das. Wir dürfen keinesfalls zulassen, daß sich unser Boß überanstrengt.« Während Brentner Bony angrinste, wandte sich der junge Mann ebenfalls an den Inspektor. »Ich hole die Lunchpakete, Bony. Wir treffen uns dann am Pferch.«

»Nun, sehen Sie schon einen kleinen Silberstreifen am Horizont?« fragte Brentner, als Ted und Col gegangen waren. »Was halten Sie eigentlich von dieser Geschichte im Krater? Eine merkwürdige Angelegenheit, nicht wahr?«

»Ich war gestern im Eingeborenencamp«, erwiderte Bony. »Ich habe mit Gup-Gup und Poppa gesprochen. Wie alt schätzen Sie eigentlich Gup-Gup?«

»Der muß schon hundert Jahre alt sein. Solange ich ihn kenne, sitzt er an seinem kleinen Feuer. Etwas anderes tut er nicht. Und der Medizinmann ist ein fauler Bursche. Alle Verhandlungen mit den beiden überlasse ich Captain.«

»Nehmen wir mal dieses Camp als Mittelpunkt – wäre dann Eddy's Well die nächstgelegene Tränke für Ihr Vieh?«

»In Richtung Wüste – ja.«

»Und dann gibt es noch eine Wasserstelle mit Pumpen weiter draußen?«

»Ja. Wir nennen die Stelle Dead Man's Drop, reichlich dreißig Meilen hinter Eddy's Well. Weiter nach Südosten liegt Wasserloch Nummer drei, und schließlich Paradise Rocks rund siebzig Meilen südlich des Kraters. Wenn Sie dorthin kommen, werden Sie eine Überraschung erleben. Das ganze Jahr über Wasser, und ringsum Akazien. Allerdings ist es nicht ganz geheuer dort. Die Wilden beanspruchen diese Felsen für sich.«

»Das muß ich mir alles mal anschauen«, entschied Bony.

»Ganz im Vertrauen: Gup-Gup und Genossen könnten mir durchaus etwas über den Toten im Krater erzählen. Na schön, ich begleite jetzt Young Col zu Eddy's Well. Bis später!«

»Gut. Und richten Sie Col bitte aus, er möchte Captain auftragen, die nicht benötigten Pferde wieder auf die Weide zu treiben. Ich habe vorhin nicht daran gedacht.«

Young Col sattelte gerade die Pferde, als Bony ihm Brentners Auftrag überbrachte. Der junge Mann rief sofort Captain, der seine Arbeit an dem jungen Pferd unterbrach und zum Gatter kam.

»Kennen Sie Captain schon, Inspektor?« fragte Col.

»Nein. Ich habe ihm lediglich einmal bei der Arbeit zugesehen. Guten Tag, Captain! Na, die Tiere halten Sie ganz schön auf Trab, wie?«

Der Eingeborene, der einem Bildhauer hätte Modell stehen können, grinste. Es gäbe Pferde mit sehr viel Verstand, meinte er, und das da drüben besitze nicht nur viel Verstand, sondern sei außerdem noch stur. Aus dem runden, glatten Gesicht des Eingeborenen blickten zwei kecke Augen. Wo sie denn hinwollten, fragte der Schwarze, und Bony gab bereitwillig Auskunft.

Dann ritten Bony und Young Col hinaus in die Wüste, manchmal dicht beieinander im Schritt, dann wieder in wildem Galopp. Young Col erklärte Bony, daß der Deep Creek seinen Lauf sieben Meilen weit beibehalte, bevor sich seine Fluten im Süden in der unendlichen Savanne verlören. Sie war mit Büffelgras und Bäumen bestanden und von Wasserrinnen durchzogen, und alles wirkte wüst und trostlos. Am Südrand lag Eddy's Well. Man gelangte schneller dorthin, wenn man durch die Savanne ritt, anstatt dem Bachufer zu folgen.

Diese Savanne vermittelte eine eindrucksvolle Vorstellung der dahinterliegenden Wüste. Hier wuchsen Salzdornbüsche und verkümmerte Jambulbäume, und Stachelgras bildete große Klumpen in dem hellroten Sand. Im Süden dehnten sich die zitronengelben Sanddünen bis an den Rand des leuchtenden Himmels, und im Rücken der beiden Männer verschwanden die

Gebäude der Farm. Nach drei Stunden kamen an der Südspitze der Savanne Windrad und Wassertanks von Eddy's Well in Sicht.

Um die Wasserstelle herum hatte das Vieh eine halbe Meile weit das Gras abgefressen. Von den miteinander verbundenen Wassertanks gingen zwei Wassertröge ab, und darüber erhob sich das Windrad, gegen das der niedrige Wellblechschuppen mit der Motorpumpe winzig wirkte. Diese Pumpe diente dazu, auch in windstillen Perioden Wasser zu bekommen. Im Norden, zweihundert Meter von der Wasserstelle entfernt, stand ein Schuppen. Seine Vorderfront war offen, nur die Rückwand wehrte die Westwinde ab. Dicht bei diesem Schuppen war ein kleiner Pferch für die Pferde errichtet. Wie Young Col bereits prophezeit hatte: ein deprimierender Ort.

»Hier ist es entweder wunderschön oder abscheulich, etwas anderes gibt es nicht«, erklärte Young Col, als sie mehrere Meter vom Schuppen entfernt am Feuer saßen und das von Jim Scolloti eingepackte Lunch verzehrten. »Ich war mal zwei Wochen lang hier draußen, da wäre ich am liebsten schon am ersten Tag wieder gegangen. Aber es kann ebensogut vorkommen, daß der Deep Creek Hochwasser führt und sich überall Bäche und kleine Seen bilden, die von Enten nur so wimmeln. Ich habe es einmal erlebt – den Anblick werde ich mein Lebtag nicht vergessen. In der darauffolgenden Woche kam ich mit Old Ted zurück, und wir hatten unsere Gewehre mitgebracht. Zwei Säcke haben wir mit Enten vollgestopft. Wenn sie aufflogen, verfinsterte sich die Sonne. Es war einfach wunderbar.«

»Sie lieben das Leben, wie?«

Die braunen Augen leuchteten auf, und Col strich sich das Blondhaar aus der Stirn.

»Mein Vater besitzt zwei Schafstationen unten in Victoria«, meinte Col. »Ich sollte die Schafzucht lernen und schließlich eine Farm übernehmen. Aber zunächst wollte ich mir Australien ansehen. Auf diese Weise bin ich hierhergekommen und hängengeblieben. Zum Teufel mit den Schafen in der Riverina! Rindvieh und der alte Brentner sind mir lieber.«

»Und wie wär's mit dem Leben in der Stadt?« fragte Bony.

»Mädchen und hellerleuchtete Straßen – haben Sie nicht manch-mal Sehnsucht danach?«

»Als ich vierzehn Tage lang hier draußen an diesem Wasser-loch hockte – da allerdings, Bony. Diese verdammte Steppe geht an die Nieren. Im letzten Urlaub war ich unten in Melbourne, doch da bekam ich Heimweh nach hier. Irgendwann werde ich natürlich nach Hause müssen, wegen meines alten Herrn. Old Teds Eltern sind bei einem Autounfall ums Leben gekommen, deshalb hat er kein Zuhause mehr. Hat eine ganze Menge Geld geerbt, aber die Kimberleys haben auch ihn in ihren Bann gezo-gen, genau wie mich und Brentner – und sogar Mrs. Brentner.«

Er schwieg kurz, dann fragte er: »Was halten Sie eigentlich von Tessa?«

_____
8
_____

»Ich habe mich bisher nicht weiter mit Tessa beschäftigt«, erwi-derte Bony und wunderte sich über diesen Themawechsel.

Young Col hatte die Beine gekreuzt. Er wirkte plötzlich be-deutend älter und betrachtete Bony nachdenklich.

»Ich meine, was wird einmal aus ihr werden?« fuhr Col fort. »Mrs. Brentner will sie auf ein Lehrerinnencollege schicken, und ich bezweifle nicht, daß sie ihr Examen macht. Aber dann?«

»Soviel ich weiß, soll sie hier die Kinder unterrichten. Worauf wollen Sie eigentlich hinaus?«

»Hm – was halten Sie von einer Ehe zwischen einem Weißen und einem schwarzen Mädchen?«

»Ich halte nicht viel von Mischehen«, antwortete Bony irri-tiert. »Meine Frau hat die gleiche Hautfarbe wie ich. Manchmal begegnet man uns mit Herablassung, manchmal ist man auch direkt unhöflich.«

Col zog die Augen zusammen.

»Fahren Sie fort«, bat er, und seine Stimme klang besorgt.

»Wenn ich mich nicht irre, sind Sie zwanzig, und Tessa ist

ungefähr achtzehn. Ein gutes Heiratsalter. Aber Sie sind weiß, und Tessa ist schwarz. Und in zehn Jahren sind Sie dreißig und Tessa achtundzwanzig. Sie kommen dann in die besten Jahre, während Tessa den Höhepunkt bereits überschritten hat. Und noch weitere zehn Jahre – Sie verstehen doch?«

»Ja, verstehe vollkommen.«

Col Mason drehte sich eine Zigarette und starrte dabei nachdenklich auf die dünne Rauchspirale, die von dem fast erloschenen Feuer aufstieg. Bony schwieg und dachte an einen anderen jungen Mann, der für dieses Problem auch keine Lösung finden konnte.

»Es käme natürlich nur eine Heirat in Frage«, fuhr Bony fort. »Doch selbst wenn die Brentners ihren Segen geben würden, brauchten Sie noch die staatliche Heiratserlaubnis. Ein außereheliches Zusammenleben aber würde für Sie verheerende Folgen haben.«

Col hob den Kopf und blickte in die sympathischen blauen Augen.

»Für mich! Ich spreche doch gar nicht von mir. Ich denke an Old Ted. Sehen Sie, Old Ted ist in Tessa vernarrt. Er ist ein prima Kerl, und ich würde es sehr bedauern, wenn er über seine eigenen Füße stolpern würde. Die ganze Geschichte ist deshalb so kompliziert, weil Captain ebenfalls Absichten bei Tessa hat. Und Tessa spielt auch noch den einen gegen den anderen aus. Da mache ich mir natürlich Sorgen um Old Ted.«

»Soviel ich weiß, gab es zwischen beiden eine gewaltige Schlägerei. Ging es da auch um Tessa?«

»Sie wissen davon?«

»Ja – man scheint allerdings ein Geheimnis daraus machen zu wollen.«

»Wir haben diesen Zwischenfall den Brentners verheimlicht. Captain war Ted natürlich überlegen und schlug ihn ganz schön zusammen. Wir erfanden rasch eine Geschichte: Ted sei vom Pferd gestürzt und mitgeschleift worden, weil sich sein Fuß im Steigbügel verfangen hatte. Diese Prügelei war durch Tessa provoziert worden. Sie glauben doch nicht –«

58

»Es dürfte nicht die erste Schlägerei wegen einer Lehrerin gewesen sein, Col.«

»Sie glauben doch nicht, daß Tessa eine kleine Intrigantin ist, oder?«

»Nein.« Bony unterdrückte ein Lächeln. »Wissen Sie, Col, die Frauen sind eben so. Sie werden immer ein wenig intrigieren. Erzählen Sie doch mal etwas über unsere kleine Messalina.«

»Aber es bleibt unter uns?«

Bony nickte.

»Ich bezweifle, daß der Boß unsere Geschichte geglaubt hat, Ted sei vom Pferd gestürzt«, fuhr Col fort. »Ich habe das Gefühl, daß Captain zunächst gar nicht so wütend auf Ted war. Erst der Boß brachte die Sache ins Rollen. Brentner ist schlau. Vielleicht hat auch Mrs. Brentner ihren Mann angestachelt, Captain und Ted ein wenig aufeinanderzuhetzen – wer weiß.«

Bony meinte, er halte dies durchaus für möglich, wollte aber mehr über Tessa erfahren.

»Hm, Tessa weiß genau, wie sie uns Männer verrückt machen kann, Bony. Sie wissen schon, wenn sie uns aus ihren großen Augen anhimmelt. Bei mir hat sie es mehr als einmal versucht. Und ich habe auch gesehen, wie sie es bei Ted gemacht hat. Sie ist so ein richtiges kleines Schmeichelkätzchen und fühlt sich nur wohl, wenn sie mit einem Mann flirten kann. Sonst explodiert sie eines Tages.«

»Und nun glauben Sie, daß es auf jeden Fall zu einer Explosion kommt.«

Young Col nickte bedächtig. »Deshalb war ich ja heute morgen so enttäuscht, als Brentner sagte, die Politiker kämen nicht zum Deep Creek. Würden sie nämlich ein oder zwei Nächte bei uns übernachten, würde auch Tessa auf andere Gedanken kommen.« Er blickte nachdenklich zu Boden. »Nun will der Boß auch noch zu dieser Versammlung nach Hall's Creek fahren. Das bedeutet, daß Mrs. Brentner und die Kinder mitfahren, und Ted ebenfalls, und vielleicht sogar ich. Damit bliebe Tessa mit Captain allein zurück, und da können Sie sich Teds Gemütsverfassung vorstellen.«

»Wann war eigentlich diese Schlägerei?«

»Zwei Wochen nach der letzten Musterung.«

»Waren Sie zugegen?«

»Nein. Als ich nach Hause kam, reinigte Ted mit wütendem Gesicht sein Gewehr, und dann erzählte er mir alles. Er war so wütend, daß ich fürchtete, er würde jemanden über den Haufen schießen. In diesem Zustand benimmt er sich wie ein Berserker. Ich hatte die größte Mühe, ihn zu beruhigen. Sie müssen wissen, daß ich für Ted sehr viel übrig habe. Der einzige wirkliche Freund, den ich je hatte.«

Bony schwieg. Es sei vielleicht das klügste, meinte er dann, die Lösung des Problems Brentner zu überlassen. Doch Col war der Ansicht, daß Brentner dann zweifellos Old Ted entlassen würde, weil er ja Captain nicht loswerden konnte.

»Brentner könnte aber auch Tessa sofort aufs College schicken«, gab Bony zu bedenken.

»Das glaube ich nicht«, beharrte Col. »Sie ist noch nicht soweit. Außerdem würde Mrs. Brentner bestimmt nicht einverstanden sein.«

»Eine verwickelte Geschichte, Col. Dann sollten wir doch versuchen, einige Knoten zu lösen. Was halten Sie eigentlich von Captain?«

»Wenn man ihm den kleinen Finger reicht, nimmt er die ganze Hand. Bildet sich ein, gleich hinter dem Boß zu kommen. Versteht verteufelt gut mit Pferden umzugehen. Und er hält die Abos in Schwung. Brauchen wir Viehhirten, besorgt er sie. Mir war er nie sympathisch.«

»Kommen wir noch einmal auf diese Schlägerei zurück. Was brachte eigentlich den Topf zum Überkochen? Wodurch wurde die Rauferei ausgelöst?«

»Durch das schwarze Baby natürlich«, erwiderte Col.

»Sie verstehen mich falsch«, sagte Bony. »Um das schwarze Baby ging es, aber wodurch wurde die Schlägerei ausgelöst?«

»Ah, jetzt verstehe ich.« Col starrte stirnrunzelnd in die kalte Asche der Feuerstelle. Bony blickte gleichgültig hinüber zu den Pferden, doch plötzlich merkte er, daß die Tiere die Nüstern blähten und witternd den Kopf hoben. »Ich weiß nicht, was das auslösende Moment war, Bony. Irgendwann kocht eben jeder Topf über.«

»Nicht unbedingt, Col. Man kann einen Topf am Brodeln halten, ohne daß er deswegen überkocht. – Sind eigentlich noch andere Pferde hier draußen?«

»Nein. – Ich kann mir einfach nicht vorstellen, was diese Schlägerei ausgelöst haben könnte.«

»Versuchen Sie es. Erinnern Sie sich einmal – was war kurz vor der Rauferei? Es war doch ungefähr zwei Wochen nach der Musterung.«

Young Col überlegte, und Bony merkte, daß die Pferde sich wieder beruhigt hatten. Vom Windrad her näherte sich eine lange Reihe Vieh. Eine Krähe flatterte vorüber und umkreiste das Windrad, um sich dort niederzulassen, doch plötzlich stieß sie heisere Schreie aus. Col kramte immer noch in seinen Erinnerungen, während die Pferde wieder unruhig wurden und zum Schuppen hinüber witterten.

»Es scheint jemand hinter dem Schuppen zu sein«, sagte Bony leise. »Wir schauen mal nach.«

Dann war er auch schon aufgesprungen und rannte zur Ecke des Schuppens, während Col mit seinen Gedanken immer noch bei der Rauferei war. Bony bog um die Ecke und sah einen nackten Eingeborenen, der auf die schützenden Bäume und das hohe Gras zulief. Als Bony sich umdrehte, prallte er mit Col zusammen, doch sie faßten sich rasch und hasteten zu den Pferden. Der junge Mann zerrte erst den Sattelgurt fest, doch Bony warf kurzerhand den Sattel ab und schwang sich auf den bloßen Rücken seiner Stute. Als Col endlich im Sattel saß, war Bony bereits hundert Meter weit weg. Er gab aber die Verfolgung auf, weil der Eingeborene in diesem Augenblick kopfüber in dem schulterhohen Gras verschwand.

Bony ritt im Zickzack zum Schuppen zurück und nahm die Spur des Schwarzen auf. Der Abo war von dem hohen Gras zum Schuppen geschlichen und hatte sich dort an der Rückwand niedergelegt.

61

»Das ist einer von den wilden Abos«, rief Col. »Es ist das erstemal, daß ich so weit im Norden einen sehe. Möglicherweise sind auch noch andere in der Nähe. Vielleicht wollen sie wieder mal mit dem Speer ein Rind erlegen. Sie wissen ja, daß es manchmal vorkommt, aber eigentlich nie so weit im Norden. Wird ein ziemlicher Schlag für den Boß sein. Er bildet sich nämlich ein, mit den Wilden ein Abkommen getroffen zu haben.«

»Und zwar?« Bony reinigte den staubigen Sattel und warf ihn mit Schwung auf den Rücken seiner Stute.

»Ungefähr siebzig Meilen südlich vom Krater ist ein prächtiges Wasserloch zwischen Felsen – Paradise Rocks. Das ganze Jahr über Wasser. Zweimal im Jahr lassen wir ihnen dort in einem Buschgehege ein Rind zurück, das sie schlachten können. Dafür lassen sie unsere Herden in Ruhe. Die Schwarzen brauchen dann nicht erst mühselig hinter der Herde herzujagen und ein halbes Dutzend Tiere zu verwunden, um schließlich ein einziges Rind zu schlachten. Einmal haben sie uns erst neun Rinder verwundet, und dann haben sie von dem einen erlegten nur ein Viertel gegessen.«

»Und wer hat dieses Abkommen mit den Wilden getroffen?«

»Captain und Gup-Gup.« Col blickte Bony nervös an. »Man sollte nicht glauben, was der alte Gup-Gup alles in seinem Feuer sieht. Da werden Geschichten erzählt – einfach unglaublich.«

»Das kann ich mir gut vorstellen«, meinte Bony und schwang sich in den Sattel, und als die beiden Pferde nebeneinander trotteten, fügte er hinzu: »Dieser Abo kann durchaus zu Gup-Gups Stamm gehört haben.«

»Na, ich weiß nicht«, widersprach Col. »Gup-Gups Leute rennen nicht nackt durch die Gegend. Das mag der Boß nicht. Und es gibt keinen logischen Grund, warum einer von ihnen ein Rind jagen sollte. Die bekommen so viel Fleisch, wie sie nur essen können.«

»Ich halte es eher für möglich, daß dieser Abo hören wollte, worüber wir gesprochen haben. Er schlich zur Rückseite des Schuppens und versteckte sich dort.«

»Er wollte hören, worüber wir –« Col schwieg, und auf seiner

Stirn erschien eine steile Falte. Er ritt einen kräftigen braunen Wallach, der ebenso wie die Stute eine scharfe Gangart eingeschlagen hatte, weil beide Tiere wußten, daß nun wieder die Weide und die Freiheit winkten. »Tut mir leid«, murmelte der junge Mann. »Aber das kann ich Ihnen nicht abnehmen.«

Bony versank in tiefes Nachdenken. Er wollte diesen Punkt im Augenblick nicht weiter erörtern, aber er war überzeugt, daß der Schwarze nicht beabsichtigt hatte, mit dem Speer Vieh zu jagen. Andererseits schien es reichlich unwahrscheinlich, daß jemand von Gup-Gups Stamm fünfzehn Meilen zu Fuß lief, nur um zu hören, was hier gesprochen wurde. Die Abos besaßen keine Pferde. »Leiht der Boß den Schwarzen eigentlich hin und wieder ein Pferd?« fragte Bony schließlich.

»Wohl kaum«, erwiderte Young Col. »Wozu auch? Die jungen Burschen haben genügend Gelegenheit zum Reiten, wenn sie für uns arbeiten.«

Es war also kaum anzunehmen, daß ein Abo fünfzehn Meilen zu Eddy's Well und fünfzehn Meilen wieder zurück laufen würde. Die Pferde drängten nach Hause, und Bony erlaubte seiner Stute einen leichten Galopp. Col folgte dichtauf und schmetterte aus voller Kehle einen Schlager von einem »Baby in der Fifth Avenue«. Bony grübelte weiter über sein Problem nach, doch plötzlich brach Col seinen Gesang ab und rief den Inspektor. Bony zügelte sein Pferd, bis sich der junge Mann neben ihm befand.

»He, vielleicht haben Sie recht«, sagte Col. »Dieser schwarze Halunke kann uns durchaus belauscht haben. Captain könnte ihn uns auf den Hals geschickt haben. Und da fällt mir auch ein, wie es zu dieser Prügelei kam.«

Offensichtlich wollte Col zunächst ein Lob über sein gutes Gedächtnis hören, aber Bony drehte sich nur schweigend eine Zigarette.

»Ja, ich erinnere mich jetzt, was den Topf zum Überkochen brachte. Old Ted wollte es mir zwar nicht sagen, aber er hatte den Verdacht, daß Captain ihn durch eine Lubra überwachen ließ, um zu sehen, ob Ted hinter Tessa her war. Das war es. Ted sagte mir noch, daß Captain alles hinterbracht würde. Und dann – ja, auch daran erinnere ich mich jetzt: Als wir im Krater nach Spuren suchten, meinte Ted, daß keiner von uns auch nur einen Augenblick unbeobachtet bliebe.«

»Das war, nachdem der Tote entdeckt worden war, ja?«

»Richtig.«

Die beiden Männer wurden nachdenklich, und sie ritten zehn Minuten lang in tiefem Schweigen weiter.

»Als wir heute morgen unsere Tiere sattelten, waren noch elf Pferde im Pferch«, meinte Bony schließlich. »Sie müßten jetzt eigentlich wieder auf der Weide sein. Wir werden sehen, ob eins fehlt. Ich nehme an, daß Sie alle Pferde gut kennen?«

»Klar. Worum geht es?«

»Wir wollen nachsehen, ob eins davon scharf geritten worden ist und vor uns zu Hause eintraf. Und außerdem möchte ich Sie noch um einen persönlichen Gefallen bitten.«

»Warum nicht?«

»Erzählen Sie keinem Menschen etwas von diesem schwarzen Lauscher an der Wand.«

9

Die eingezäunte Pferdeweide war eine Quadratmeile groß. Bony und Young Col ritten hindurch bis zu dem Tor, das in die Pferche der Farm führte. Auf der Weide befanden sich zehn Pferde, und nach Cols Angabe fehlte ein Wallach mit Namen »Star«.

Captain war zu sehr in seine Arbeit vertieft, um zu bemerken, wie die zwei sich auf das Gatter des Pferchs hockten. Als er sie eine halbe Stunde später entdeckte, grinste er.

»Sie verstehen wirklich, mit Pferden umzugehen, Captain«, lobte ihn Bony, und der Eingeborene setzte sich neben ihm auf das Gatter und drehte sich eine Zigarette.

»Der Boß sagt immer, ich würde sie hypnotisieren«, erwiderte Captain. »Was meinen Sie, Inspektor?«

»Sie besitzen eben das nötige Einfühlungsvermögen – genau wie ich.«

»Dann können Sie mir vielleicht morgen bei einem Füllen helfen. Es geht über meine Kraft. Seit einer Woche renne ich nun mit diesem Biest im Kreise herum und kriege es nicht kirre.« Er lachte leise.

»Dazu verspüre ich allerdings wenig Lust«, meinte Bony und lachte ebenfalls. »Ich werde nämlich schon alt und zittrig in den Beinen. Heute habe ich einen wilden Abo gejagt, aber er hat mich glatt stehenlassen.«

»Einen Wilden, tatsächlich? Wo war das denn?«

»Bei Eddy's Well. Möglich, daß er gar nicht so wild war, wie er aussah; denn er hatte weder Speer noch Kriegskeule bei sich. Laufen vielleicht von euch einige nackt herum?«

»Draußen bei Eddy's Well? Weder dort noch anderswo, Inspektor. Das war bestimmt ein Wilder. Haben Sie ihn gesehen, Col?«

»Er rannte wie der Teufel«, erwiderte Young Col vorsichtig. »Stürzte sich kopfüber ins hohe Gras.«

»Nicht gut«, meinte Captain. »Vielleicht waren noch andere bei ihm. Sie sagen es dem Boß?«

»Wir sind gerade erst zurückgekommen«, antwortete Col ausweichend. »Ich bin auch gar nicht sicher, ob es wirklich ein Wilder war. Sein Haar war eigentlich etwas zu kurz. Was meinen Sie, Inspektor?«

»Darauf habe ich nicht recht geachtet«, sagte Bony betont gleichgültig. »Ist es denn so ungewöhnlich, wenn ein Wilder so weit nördlich bei Eddy's Well auftaucht?«

»Manchmal kommen sie so weit herauf«, erwiderte Captain, ebenfalls betont gleichgültig. »Trotzdem sage ich besser dem Boß Bescheid.«

»Ja, tun Sie das, Captain«, meinte Bony. »Ich besuche inzwischen noch einmal Gup-Gup und Poppa.«

Captain glitt vom Gatter und öffnete ein Tor, um das Pferd in einen kleineren Pferch zu lassen. Bony merkte, wie Col ihn fragend anblickte, und er gab ihm einen Wink, daß er in sein

Quartier verschwinden könne. Der Inspektor aber ging zum Eingeborenencamp. Er hatte bereits den halben Weg zurückgelegt, als ihn Captain einholte.

»Hören Sie, Inspektor. Warum wollen wir Gup-Gup wegen dieses Wilden beunruhigen? Gup-Gup ist doch schon hundert Jahre alt – zu alt für derartige Aufregung.«

»Ich bin noch keine hundert«, fuhr Bony ihn scharf an, »aber ich mag auch keine Aufregung. Was schlagen Sie also vor?«

»Tja, das ist so.« Captain blieb stehen. »Ich bin hier gewissermaßen der Public-Relations-Mann.« Bony zog die Brauen hoch. »Sie wissen doch, daß ich lesen kann. Ich ging einige Jahre zur Schule. Ich wälze mich nicht bei Nacht am Lagerfeuer im Staub. Erzählen Sie jetzt Gup-Gup von diesem Wilden draußen bei Eddy's Well, dann wird er sofort eine Buschwanderung anordnen – gerade in dem Augenblick, wenn der Boß ein halbes Dutzend Schwarze braucht, die beim Neudecken der Dächer helfen sollen. Weder Sie noch Young Col sind sicher, daß es sich wirklich um einen Wilden gehandelt hat. Es könnte ja auch einer hier von der Station gewesen sein, der mit einer jungen Lubra draußen war. Und wenn Gup-Gup davon erfährt, gibt es jedenfalls Scherereien. Meine Aufgabe aber ist es, alle störende Unruhe von vornherein zu unterbinden.«

Bony tat unentschlossen.

»Es könnte so sein, Captain. Ja, es könnte natürlich einer der Burschen mit einer jungen Lubra gewesen sein. Das ist auch früher schon vorgekommen, wie? Sie haben vielleicht im Gras gelagert, und er ist zum Brunnen gelaufen, um Wasser zu holen. Hm! Es ist nicht meine Aufgabe, unter den Eingeborenen der Station Unruhe zu stiften. Glauben Sie, daß wir's auch vor Mr. Brentner verheimlichen sollen?«

»Nein, aber überlassen Sie das mir, Inspektor. Schließlich handelt es sich um eine interne Angelegenheit.«

Bony zog Tabak und Zigarettenpapier aus der Tasche und hockte sich nieder. Captain folgte seinem Beispiel. Offensichtlich war er überzeugt, daß Bony nun keine Schwierigkeiten mehr machen würde.

Sie drehten Zigaretten, und jeder wartete darauf, daß der andere zu sprechen begänne. Bony war bemüht, einen möglichst einfältigen Eindruck zu machen, während der Schwarze überzeugt war, ein stupides Halbblut, das in Diensten der weißen Polizei stand, vor sich zu haben.

»Ich glaube, wir sollten ein Abkommen treffen«, begann Bony schließlich und blickte auf, nachdem er sich die Zigarette angezündet hatte. »Brentner hat mir gesagt, daß Sie ein recht brauchbarer Verbindungsmann sind und daß er Ihnen viel verdankt, weil Sie die Schwarzen für die Stationsarbeit einteilen. Und nach Ihren eigenen Worten komme ich zu der Überzeugung, daß der Stamm Brentner und seiner Viehzuchtgesellschaft eine Menge verdankt. So ist es doch wohl, stimmt's?«

»Ja.« Captain hielt das brennende Streichholz am verkohlten Ende und sah zu, wie die Flamme auch den Rest verzehrte. »Sie haben Gup-Gup erzählt, daß es sinnlos ist, die alten Stammessitten unter den Abos aufrechtzuerhalten, da sie ja doch die Lebensgewohnheiten der Weißen annehmen. Da waren Sie nicht der erste. Auch ich habe ihm und Poppa das wiederholt gesagt. Ich ging in Broome in die Schule, und da sah ich, was los war, auch wenn ich damals noch ein Kind war. Der Pater wollte, daß ich Missionar würde. Aber das habe ich abgelehnt, weil der Weg der Weißen schlecht ist im Vergleich zum Weg des schwarzen Mannes in unserem Land.«

»Es ist ein langer Weg«, gab Bony zu.

»Er führt zunächst bergab. Der Eingeborene verläßt sein Niveau, und er mag auch – ich sage bewußt ›mag‹ – das weiße Niveau erreichen. Aber das Ende dieser Straße liegt für den Eingeborenen stets tiefer als der Anfang. Das müssen Sie doch zugeben.«

»Gewiß. Aber es gibt für den Eingeborenen keinen anderen Weg, und die Zivilisation verlangt, daß er ihn beschreitet.«

»Und deshalb muß der Zivilisation so lange wie möglich Widerstand geleistet werden.« Captain versuchte zu ergründen, was in Bonys Kopf vorging. »Tessa sagte mir, Sie würden sich für Sagen interessieren. Ich will Ihnen eine erzählen. In den Tagen

67

der Alchuringa lebte ein großer Wissenschaftler, und aus der Erde seines wundervollen Gartens und etwas Speichel schuf er einen Mann. Danach schuf er eine Frau, und die Frau lief immer vor dem Mann her. Eines Tages ging der große Wissenschaftler in den Garten, um mit dem Mann zu sprechen, doch er traf zuerst die Frau, während sich der Mann beschämt hinter ihr versteckte. Das ärgerte den Schöpfer, und er ordnete an, daß man die beiden durch die Vordertür aus dem Garten treibe. Einige Tage später ging der Schöpfer traurig in seinem Garten spazieren, als er einen Eingeborenen erblickte, und hinter ihm eine Lubra. Der Schöpfer fragte, wie sie in seinen Garten gelangt seien, und da erwiderten sie, daß sie durch die Hintertür gekrochen seien, als er die beiden Weißen durch die Vordertür davongejagt habe. Er ließ die Schwarzen in seinen Garten, weil die Frau stets hinter dem Mann herlief. Und so ist es bis zum heutigen Tag geblieben.«

»Diese Sage haben Sie selbst erfunden«, meinte Bony.

Captain nickte und zeigte zum Camp hinüber. »Da ist immer noch so ein kleines Paradies. Mrs. Leroy pflegte zu sagen, daß dieses Paradies im Herzen jedes Menschen existiere und daß es an jedem einzelnen liege, es zu hüten oder sich selbst daraus zu vertreiben. Der weiße Mann hält von alldem nichts. Mir gehört das Land, und die Schwarzen müssen aus ihrer Primitivität erlöst werden! sagt er. Er glaubt allen Ernstes, daß seine Lebensweise besser wäre als unsere. Er kann es nicht verstehen, daß wir überhaupt nicht weg wollen aus unserem Paradies, in dem auch er einst lebte. Wir wollen uns nicht auf sein Niveau hinabzerren lassen.«

»Die Zivilisation läßt sich nicht zurückhalten«, erwiderte Bony. »Aber genug davon, Captain, wir begeben uns sonst auf einen Irrweg. Wir stimmen in so vielen Punkten überein, und da frage ich mich, ob wir nicht noch in einem weiteren Punkt der gleichen Meinung sein können. Ich bin der Ansicht, daß Gup-Gup weiß, wer die Leiche dieses Weißen in den Krater gebracht hat. Sind Sie der gleichen Ansicht?«

»Ja, ich denke schon, daß er es weiß, Inspektor.«

»Sollte er dann aber nicht im Interesse seiner Leute sagen, was er weiß?«

»Natürlich nicht. Ich erwähnte gerade, daß die Weißen uns auf ihr Niveau hinabzerren wollen, und dabei wird Gup-Gup ihnen nicht helfen. Ich würde auch nichts verraten, wenn ich etwas wüßte. Ich habe Gup-Gup nie danach gefragt, und ich will es auch gar nicht wissen. Diese Geschichte hat nichts mit uns zu tun. Meine Aufgabe ist es, meinem Stamm die Freiheit zu erhalten. Eines Tages werde ich Häuptling sein.«

»Dann versuchen Sie also, den Status quo zu erhalten?«

Captain nickte, und Bony glaubte ihn zu verstehen. Es war die reinste Offenbarung. Manche Eingeborene waren Geistliche geworden, andere Lehrer. Dieser Mann aber hatte eine besondere Mission übernommen: Er wollte seinen Stamm so lange wie möglich vor der Dekadenz bewahren, die die weiße Zivilisation zwangsläufig für die Eingeborenen mit sich brachte. Captain gab dies auch ganz offen zu, als Bony ihn danach fragte.

»Dann ist also meine Tätigkeit eine direkte Bedrohung für Ihre Mission?« schloß der Inspektor.

»Nein, das glaube ich nicht, Inspektor.« Captain starrte gedankenverloren zum Camp hinüber und wiederholte seine Worte leise, als versuche er sich damit selbst zu überzeugen.

»Meine Mutter gehörte Ihrer Rasse an. Da würde es mir sehr leid tun, wenn es doch so wäre«, sagte Bony, und als er in die schwarzen Augen blickte, hatten sie sich vor ihm verschlossen.

10

Während Bony sich für das Abendessen umkleidete, dachte er noch einmal über seine Unterhaltung mit Captain nach. Was wäre wohl aus diesem Eingeborenen geworden, wenn er sich ganz von seinem Stamm hätte lösen können? Bony sah wieder die blinde Mrs. Leroy vor sich, die gefalteten Hände im Schoß. Sie hatte von Captain wie von ihrem eigenen Sohn gesprochen.

Sie hatte größte Hoffnung in ihn gesetzt und war so sehr enttäuscht worden. Und Tessa? Sie hatte sich zwar weitgehend vom Stamm gelöst, aber vielleicht erwiesen sich die verbliebenen Bindungen doch als stärker?

Bony hatte Young Col eingeschärft, nichts von dem fehlenden Pferd zu sagen und die Ansicht zu vertreten, daß es sich bei dem Eingeborenen von Eddy's Well um einen Wilden gehandelt haben mußte. Bony ließ sich deshalb beim Umkleiden Zeit und fand Kurt Brentner und seine beiden weißen Cowboys bereits im Taghaus vor, wo sie auf das Gongzeichen zum Dinner warteten. Offensichtlich hatten sie sich über den Vorfall bei Eddy's Well unterhalten; denn Brentner wollte sofort Bonys Meinung hören.

»Dieser Bursche war völlig nackt«, sagte der Inspektor. »Er hatte also weder einen Lendenschurz um, noch trug er einen Speer oder eine andere Waffe bei sich – und das paßt nicht zum Bild der Wilden. Aber soeben kamen einige Abos, und es sah so aus, als handle es sich um eine Deputation. Da ich kurz nach meiner Rückkehr mit Captain über den Vorfall gesprochen habe, hat er vielleicht bereits die Antwort gefunden.«

»Das wäre möglich, Bony.«

Captain erschien in der Tür. Er hatte jetzt eine saubere Drillichhose und ein weißes Hemd an. Das Haar war gekämmt, und an den Füßen trug er Tennisschuhe.

»Na, was gibt's?« rief Brentner. »Komm herein!«

»Ich habe im Camp Erkundigungen eingezogen über den Schwarzen, den Inspektor Bonaparte bei Eddy's Well gesehen hat«, begann Captain, und er verriet keinerlei Nervosität. »Mit Poppas Hilfe habe ich herausgefunden, daß Lawrence und Wandin, die Tochter von Mary, vor vier Tagen aus dem Camp verschwunden sind. Sie hatten eine halbe Meile von Eddy's Well entfernt im Gras gelagert, und Lawrence behauptet, er habe Wasser holen wollen. Er kam bis zum Schuppen, als plötzlich Young Col und Inspektor Bonaparte auftauchten. Da bleibt uns nichts anderes übrig, als die beiden nächsten Monat nach Stammessitte zu verheiraten. Sie konnten es nicht abwarten, das ist alles.« Captain lächelte, und der Viehzüchter grinste verständnisvoll. »Poppa sagt, daß er sich die beiden vornehmen wird. Sie sind jetzt draußen, falls Sie mit ihnen sprechen wollen.«

Brentner nickte, und der Medizinmann erschien mit einem Eingeborenen und einer jungen Lubra. Das Mädchen trug ein Nachthemd, das ihr viel zu groß war. Poppa hatte eine alte verbeulte Hose an, aber kein Hemd, und so spürte man nichts von der Würde seines Amtes. Er zeigte auf die beiden Sünder.

»Dies Wandin«, sagte er. »Dies Lawrence. Weg von Camp drei Nächte, Boß. Wandins Mutter begann zu heulen. Sie hat Schuld, weil Augen zugemacht. Und junge Männer ebenfalls Augen zugemacht, als Lawrence mit Wandin verschwunden. Bei Sonnenuntergang zurückgekommen. Haben Tabu gebrochen und werden dafür Strafe bekommen.«

Poppa war großartig als Tugendwächter. Das Mädchen begann zu schnüffeln, während ihr Liebhaber fortwährend seine Zehen in den harten Boden zu bohren versuchte und ein trotziges Gesicht aufsetzte.

»Hör auf mit Heulen, Wandin!« brüllte Poppa plötzlich los.

Brentner stand auf und baute sich vor der schwarzen Lady Chatterley und ihrem Liebhaber auf. Er sprach leise, und in seiner Stimme schwang leichte Ironie.

»Lawrence, ich überlasse dich den Gesetzen deines Stammes und der entsprechenden Strafe. Wie diese Strafe ausfällt, will ich nicht wissen. Mich interessiert nur, daß du ein guter Viehhüter bist. Aber du bist ein Narr, Lawrence. Unsere Gesetze hätten dir nicht helfen können, wenn man dich wie einen Dingo abgeschossen hätte. Die Wilden haben bei Eddy's Well nichts zu suchen, und du hattest keine Veranlassung, ohne Kleidung herumzurennen. Das weißt du. Lediglich Gup-Gup darf das, aber der zieht nicht mehr mit jungen Lubras durch die Gegend.« Er blickte Poppa an, und seine Stimme wurde schärfer. »Ich verlasse mich auf dich. Achte darauf, daß deine Leute nicht unbekleidet herumlaufen!«

Er kehrte zu seinem Stuhl zurück, und Captain entließ seine Stammesgenossen mit einer Handbewegung. Die beiden Sünder schlichen davon, und Poppa schritt steifbeinig hinterher. Bony beobachtete, wie die Gestalten in der rasch hereinbrechenden Dämmerung verschwanden.

»Ein Holzschiefer unter der Kniescheibe wird sie davon abhalten, noch einmal wegzulaufen«, sagte Captain. »Es wird keine Scherereien mehr geben, Boß.«

»Das ist eure Angelegenheit, Captain. Jedenfalls besten Dank, daß du dich um die Sache gekümmert hast«, erwiderte Brentner, und Captain wollte gerade gehen, als Rose Brentner in der Tür auftauchte. Ihre Augen funkelten gefährlich.

»Was hast du da gesagt, Captain?«

»Daß es keine Scherereien mehr geben wird, Missus.«

»Aber zuvor sagtest du etwas von einem Holzschiefer. Wie war das?«

Ihre sportliche Gestalt hatte sich hoch aufgerichtet, und ihre braunen Augen sprühten Blitze, doch der Eingeborene stand selbstbewußt vor ihr, und seine Stimme blieb fest.

»Die übliche Strafe für einen Mann und eine Frau, die zusammen weglaufen. Ein Speerstich unter die Kniescheibe der Frau, und dem Mann wird ein Speer in den Rücken gestoßen. Da Lawrence und Wandin nach Stammessitte getraut werden, genügt ein Holzschiefer, um sie ein paar Wochen lang im Lager festzuhalten.«

»So etwas habe ich in meinem ganzen Leben noch nicht gehört«, sagte Rose Brentner. »Das gibt es nicht. Richte das Gup-Gup und Poppa aus. Schon der bloße Gedanke daran ist widerlich.«

Captain rührte sich nicht von der Stelle und blickte Brentner fragend an. Tessa erschien neben Rose, und die Farmersfrau wollte wissen, ob man die Delinquenten nicht sofort verheiraten könne.

»Die Vorbereitungsriten, Missus«, gab Captain zu bedenken, doch Tessa widersprach.

»Es gibt keine Vorbereitungsriten, wenn ein Mädchen verführt wurde.«

»Nun werden wir juristisch«, jammerte Captain und blickte wieder zu Brentner.

Bony hatte sich eine Zigarette gedreht und lächelte. »Es ist ja gar nicht erwiesen, ob es zu einem Fehltritt gekommen ist.«

Der Viehzüchter lachte, doch seine Frau warf ihm sofort einen eisigen Blick zu. Tessa wollte etwas sagen, überlegte es sich dann aber anders.

»Schön!« rief Rose. »Man lernt nie aus. Captain, du wirst dafür sorgen, daß die beiden nicht mit einem Holzschiefer lahm gemacht werden. Auf der Stelle! Morgen werde ich mit Gup-Gup und Poppa sprechen. Richte ihm das aus!«

Wieder warf Captain Brentner einen flehenden Blick zu, und diesmal nickte der Viehzüchter. Nachdem der Schwarze verschwunden war, trat tiefes Schweigen ein, das schließlich von Rose gebrochen wurde.

»Kurt, du willst doch wohl nicht ernstlich zulassen, daß diese beiden ein lahmes Knie bekommen?«

»Aber das ist doch alles nur Diplomatie, meine Liebe«, erwiderte Brentner versöhnlich. »Die Gesetze der Abos verlangen die Bestrafung, wenn vor der Ehe zusammen geschlafen wird. Du hast ja gerade gehört, welche Strafe darauf steht. Bedenke doch, wie es bei unseren eigenen Gesetzen ist. Wenn viele ein Gesetz ablehnen, dann nennt man es ein schlechtes Gesetz. Nun wird man bei den beiden zwar nach außen hin Gerechtigkeit üben, aber geschehen wird gar nichts. Gup-Gup und Poppa wissen genau, daß ich Anzeige erstatten müßte, wenn sie die beiden lahm machen. Dann würde Howard erscheinen und Ermittlungen anstellen.«

»Bist du sicher? Poppa machte so einen entschlossenen Eindruck.«

»Natürlich bin ich sicher«, erwiderte Kurt Brentner. »Man wird sich zwar den Anschein geben, der Gerechtigkeit Genüge zu tun, aber in Wirklichkeit geschieht gar nichts. Man wird die beiden auf den Boden legen, wird feierlich zwei Holzstücke anspitzen, dazu einen großen Singsang und eine gewaltige Tanzerei veranstalten und ganz so tun, als ob die beiden lahm gemacht würden. Und dabei bleibt es. Die Schwarzen wollen ebensowenig behördliches Einschreiten, wie wir uns ihnen gegenüber offiziell einmischen sollen. Zum Donnerwetter, da ertönt der Gong, und dort drüben steht der Sherry auf der Kredenz.«

Nach dem Dinner luden die beiden kleinen Mädchen Bony ein, sich doch einmal ihre Schularbeiten anzuschauen. Doch sobald sie ihn ins Schulzimmer gelockt hatten, zeigten sie keinerlei Interesse am Unterricht, sondern lediglich an Eingeborenensagen. Amüsiert bestand Bony darauf, sich zunächst die Schulhefte anzusehen, und als Tessa erschien, machte er ihr ein Kompliment über ihre pädagogischen Fähigkeiten. Sie war auch schließlich einverstanden, daß sich die Kinder noch eine Stunde lang Sagen anhören durften.

Noch lange erinnerte sich Bony an diese Stunde. Er saß am Tisch und rauchte seine selbstgedrehte Zigaretten, ihm gegenüber die Kinder. Das Eingeborenenmädchen hatte Papier und Bleistift zur Hand genommen und machte sich Notizen.

Bony erzählte zunächst eine Sage vom Stammvater der Urabunna. Der hatte Gips angerührt und hinauf zum Himmel geworfen, und dann war der Gips als Regen in Form von Männern und Frauen wieder heruntergekommen. Deshalb nannte man die Urabunna noch heute Regenmenschen. Anschließend erzählte er eine Sage vom Volk der Arunta. Damals lebte ein Känguruh mit Namen Ungutnika, das unter großen Beulen litt. Es quälte sich lange Zeit mit diesen Beulen ab, doch eines Tages wurde es so wütend, daß es sich die Beulen ausriß und sie zu Boden warf. Daraus entstanden große Felsbrocken. Und wenn seitdem jemand seinem Feind Beulen wünschte, brauchte er nur einen Miniaturspeer auf einen dieser Steine zu werfen. Er nahm dort sofort Zauberkräfte auf, und wenn der Speer dann in Richtung des Feindes geworfen wurde, bekam dieser die Beulen.

Hilda wollte wissen, was eine Beule sei, und Tessa erinnerte sie an einen Pickel, den sie einmal gehabt hatte. Rosie meinte, sie würde sich auch so einen Miniaturspeer machen und dann damit auf Poppa zielen. Aus irgendeinem Grund fand sie ihn höchst unsympathisch.

Schließlich ließ sich Bony von jedem der beiden Mädchen eine

Sage erzählen, und als Mrs. Brentner erschien, um nachzusehen, was hier vorging, merkte Tessa, wie spät es bereits war. Doch Bony hatte noch eine Bitte.

»Tessa, erzählen Sie mir doch die Sage über den Krater, über Luzifers Couch.«

Die kleine Rosie runzelte die Stirn, während Hilda Tessa ebenfalls bat, diese Sage zu erzählen.

»Es gibt keine über Luzifers Couch«, meinte das Eingeborenenmädchen, legte den Bleistift weg und sammelte ihre Notizen ein. »Ich habe jedenfalls nie eine gehört.«

»Der Krater ist doch viel zu jung«, warf Rose Brentner ein. »Die wirklichen Sagen spielen in der Zeit der Alchuringa und werden dann von Geschlecht zu Geschlecht weitererzählt. So, ihr beiden«, wandte sie sich an ihre Töchter, »ihr verschwindet jetzt ins Bett. Sagt gute Nacht.«

Hilda bestand auf einem Gutenachtkuß, und Rosie verlangte ebenfalls ihr Recht. Bony aber wurde ins Wohnzimmer zu einer Tasse Kaffee eingeladen.

Er hörte, wie sich der Viehzüchter nebenan im Büro über Funk unterhielt. Das Gespräch drehte sich um den bevorstehenden Besuch der Abgeordneten. Rose interessierte sich im Augenblick nicht für dieses Thema. Sie dachte über Tessa nach.

»Sie hat mir von Ihnen erzählt, Bony. Von Ihrer Schulzeit und Ihrem Studium. Sie hat Ihnen auch gesagt, daß sie Sagen sammelt und nach Abschluß ihres Examens hier unterrichten möchte. Was halten Sie eigentlich von dieser Idee?«

»Sie erweckt den Eindruck, als ob sie sehr gern studieren möchte, und deshalb meine ich, Sie sollten sie ruhig hinschicken. Vorausgesetzt natürlich, daß Sie Verwandte oder Freunde haben, die sich um sie kümmern können.«

»Tessa würde bei meiner Schwester wohnen. In dieser Hinsicht mache ich mir keine Sorgen. Aber ich frage mich, ob sie sich nach ihrer Rückkehr vom College ihrem Stamm gegenüber nicht sehr entfremdet hat?«

»Das könnte nur von Vorteil sein, wenn sie hier unterrichten soll. Sie haben sie sehr gern, ja?«

»Sehr. Tessa ist ein liebes Mädchen. Aber was das College anbelangt, so hege ich doch noch einen gelinden Zweifel, ob es klug von uns ist. Bei einem Jungen – ja, unbedingt. Aber bei einem Mädchen...?«

Bony schwieg, und Rose Brentner versank in Grübelei. Sie konnten hören, wie Kurt am Funkgerät Schluß machte, und wenige Minuten später trat er ein.

»Na, worum geht's denn?« fragte er. »Der Minister wird mit den Abgeordneten in ungefähr drei Tagen in Hall's Creek eintreffen. Ich habe Leroy gesagt, daß wir hinfahren und ihn mitnehmen können, falls seine Frau zu Hause bleiben will.«

»Ja, dann wäre es ihr sicher lieb, wenn ich mit den Kindern bei ihr bliebe, während du mit den Männern in die Stadt weiterfährst. Meinst du nicht?«

»Wenn du es gern so haben willst?«

»Dann werde ich es morgen abend mit ihr besprechen.«

»Gut.«

»Wir haben gerade über Tessa und das Lehrercollege gesprochen«, berichtete Rose. »Bony meint, daß es vorteilhaft sein könnte, wenn sie sich durch ihre Abwesenheit dem Stamm entfremdet.«

»Durchaus richtig, meine Liebe. Manchmal glaube ich, sie hängt noch zu sehr an den Schwarzen. Wir müssen uns mit der Tatsache abfinden, daß sie inzwischen zu einer jungen Frau herangereift ist. Instinktiv wird sie sich zu ihrem Stamm hingezogen fühlen. Schicken wir sie aber für drei oder vier Jahre weg, wird sie über die schwierige Zeit hinwegkommen. Das ist doch auch Ihre Meinung, Bony?«

»Gewiß, das denke ich auch«, gab Bony zu. »Der Vorfall vorhin im Taghaus dürfte unsere Absicht nur bestätigen.«

Die Brentners starrten Bony an. Der Mann runzelte die Stirn, die Frau schien irritiert.

»Es war sehr nett, mich wie einen Freund der Familie aufzunehmen«, fuhr Bony zögernd fort. »Ich weiß natürlich, daß Sie Tessa sehr ins Herz geschlossen haben, und ich weiß auch, daß Sie für ihr weiteres Fortkommen gewisse Pläne haben, so daß es

Sie leicht verletzen könnte, was ich Ihnen jetzt über Tessa zu sagen habe. Wir sprachen gerade davon, daß das Mädchen nun herangereift sei und die Bindung an ihren Stamm stärker empfinden würde als zuvor. Andererseits wäre sie eher in der Lage, ihre eigenen Entscheidungen zu treffen, wenn sie einige Jahre von hier weggeht. Sie wollen doch wohl nicht, daß sie einen Weißen heiratet? Haben Sie schon einmal über einen passenden Mann nachgedacht?«

»Sie könnte eine schlechtere Partie machen als Captain«, erklärte Kurt Brentner.

»Vielleicht sollte sie lieber einen Eingeborenen heiraten, der Geistlicher oder Lehrer ist«, schlug Rose vor. »Aber Sie bezwecken doch etwas mit Ihrer Frage, nicht wahr, Bony?«

»Ich habe darüber nachgedacht, wie eng Tessa noch mit ihrem Stamm verbunden sein könnte. Haben Sie jemals bemerkt, daß sie in Captain verliebt sein könnte?«

»Doch wohl eher andersherum!« erwiderte Rose sofort.

»Dann möchte ich Sie bitten, alles, was ich jetzt sage, streng vertraulich zu behandeln. Wir werden bestimmt eine Lösung finden. Sie werden sich erinnern, daß Tessa Captains Geschichte, Lawrence sei mit diesem Mädchen davongelaufen, widerspruchslos hingenommen hat. Sie hat auch Captain nicht widersprochen, als er erzählte, daß Lawrence an Eddy's Well Wasser holen wollte und dabei von Young Col und mir überrascht worden sei. Richtig?«

Beide nickten.

»Nun scheint es mir, daß Tessa ihrem Stamm noch viel nähersteht, als Sie glauben. Zunächst einmal: Diese Wandin ist bereits verheiratet. Und außerdem war es nicht Lawrence, den wir bei Eddy's Well gesehen haben.«

11

»Ich nehme an, daß Sie diese ungewöhnliche Behauptung auch beweisen können«, sagte Rose Brentner.

»Natürlich kann er das«, meinte ihr Mann barsch. »Fahren Sie fort, Bony.«

»Wandin hatte zwischen ihren Brüsten eine winkelförmige Narbe, das Zeichen einer verheirateten Frau«, erklärte Bony. »Das Nachthemd, das sie anhatte, rutschte einmal etwas nach unten und öffnete sich dabei. Ich nehme an, daß man es ihr nur angezogen hat, um die Narbe zu verbergen. Der junge Mann benahm sich ganz der Situation entsprechend. Er war sehr nervös und versuchte fortwährend, die Zehen in den Boden zu bohren. Bei dem harten Fußboden gelang ihm das natürlich nicht. Ich bemerkte, daß die beiden Außenzehen seines linken Fußes fehlen. Der Eingeborene draußen an der Wasserstelle aber besaß noch alle Zehen.«

»So was!« fuhr der Viehzüchter auf, aber seine Frau übernahm sofort Tessas Verteidigung.

»Vielleicht wußte Tessa nicht, daß diese Eingeborene verheiratet ist.«

»Aber natürlich mußte sie das wissen, Rose«, brummte Kurt Brentner. »Sie besuchte ihre Mutter im Camp. Auf diese Weise erfährt sie doch zwangsläufig, wenn ein Mädchen heiratet. Und dann dieses Ammenmärchen, das sich Captain ausgedacht hat. Was halten Sie davon, Bony?«

»Ich möchte Sie noch weiter ins Vertrauen ziehen, weil ich annehme, daß Sie mir helfen können und wollen. Zunächst zwei Tatsachen: Als ich am Krater war, ist am nächsten Morgen vor Tagesanbruch ein Eingeborener hingeritten und meinen Spuren nachgegangen. Dann ritt er zur Farm zurück. Ich war draußen und sah ihn, aber ich war nicht nahe genug, um ihn erkennen zu können. Als ich an dem betreffenden Morgen wieder zum Herrenhaus zurückkehrte, schlenderte ich am Bach entlang. Später beobachtete ich, wie eine Lubra meinen Spuren nachging. Diese

Fakten sprechen doch für sich selbst. Als wir uns heute morgen beim Frühstück trafen, wußte kein Mensch, daß ich mit Col zu Eddy's Well reiten würde. Ich wußte es ja selbst nicht einmal. Dreizehn Pferde waren im Pferch. Zwei sattelten wir für unseren Ritt – blieben also elf zurück. Die sollte Captain hinauf auf die Weide treiben. Bei unserer Rückkehr sind wir über die Weide geritten, und Young Col sagte mir, daß ein Pferd namens Star fehle. Wir haben uns sorgfältig vergewissert, daß Star nicht auf der Weide ist. Ich nehme nun an, daß ein Abo heute morgen auf Star zur Wasserstelle ritt, nachdem ich mit Young Col aufgebrochen war. Er hatte den Auftrag, vor uns einzutreffen und zu beobachten, was wir dort draußen trieben. Wollte er aber als erster eintreffen, mußte er sehr scharf reiten. Möglicherweise hatte er Star im hohen Gras an einen Baum gebunden. Aber nun scheint irgend etwas schiefgegangen zu sein. Als der Schwarze nach seiner Entdeckung flüchtete, hatte er genügend Zeit, nach Hause zu reiten und Star vor unserer Rückkehr auf die Weide zu bringen. Warum er das nicht tat, werden wir sicher noch erfahren. Vielleicht hatte sich das Pferd losgerissen. Doch das sind alles nur Vermutungen. Fest steht hingegen, daß Star nicht auf der Weide war, als ich mit Col nach Hause kam.«

»All right!« brummte Brentner. »Man ist Ihren Spuren gefolgt, als Sie am Krater waren. Aber warum sollte man dann jemanden zu Eddy's Well schicken, wenn man am nächsten Morgen Ihren Spuren hätte genausogut folgen können?«

»Eine durchaus vernünftige Frage, auf die ich Ihnen im Augenblick noch keine Antwort geben kann. Eine weitere Frage, auf die wir im Augenblick ebenfalls noch keine Antwort wissen: Warum haben uns Captain und Poppa diese Geschichte mit Lawrence und Wandin aufgetischt? Der Grund kann doch nur sein, daß man uns einreden möchte, der flüchtende Abo habe zu einem Liebespärchen gehört. Die Wahrheit aber werden wir auch nicht mit Gewalt aus den Eingeborenen herausholen.«

»Aber von Tessa werden wir sie hören. Hol sie sofort mal her, Rose!« befahl Brentner, und sein Gesicht lief rot an.

»Moment!« sagte Bony scharf. »Wir könnten Tessa leicht

unrecht tun. Wenn wir vorsichtig zu Werke gehen, erhalten wir die Antworten auf alle diese Fragen vielleicht morgen oder übermorgen. Ich habe Ihnen dies alles nicht erzählt, ohne dabei ein Problem zu berücksichtigen, an dem wir drei sehr stark interessiert sind. Nämlich, das gute Verhältnis zwischen den Eingeborenen und Ihnen zu erhalten. Das wünschen Sie doch?«

»Natürlich sind wir daran interessiert«, meinte Brentner. »Fahren Sie fort.«

»Sie haben sich gewiß oft gefragt, warum dieser Tote in den Krater gelegt worden ist?«

»Sehr oft. Ich verstehe es jedenfalls nicht, warum man ausgerechnet dort eine Leiche hinlegt. Es gibt Millionen Hektar offenes Land und hundert Millionen Tonnen Holz, um den Toten zu Staub zu verbrennen. Warum also? Wissen Sie es?«

»Ja, ich glaube schon. Ich bin überzeugt, daß der Tote von den Eingeborenen dorthin gebracht worden ist – entweder durch Ihren Stamm oder die Wilden aus der Wüste, vielleicht auch durch die von Beaudesert. So, wie sich Ihre Schwarzen benehmen, möchte ich wetten, daß sie es waren. Nun ziehen Sie aber keine voreiligen Schlüsse. Ich glaube nicht, daß Ihre Abos diesen Mann getötet haben. Wenn sie also diesen Mann nicht umgebracht, aber trotzdem in den Krater geschafft haben, dann nur aus Furcht, als Mitschuldige zu gelten. Die Behörden würden ja nicht viel Federlesens machen. Doch nun noch einmal zu Tessa und Captain. Das Mädchen ist Ihnen ans Herz gewachsen, und der junge Mann spielt in Ihrem Leben eine nicht ganz unwichtige Rolle. Meine Aufgabe ist es, herauszufinden, wer den Unbekannten getötet hat und wieso er in dieses Gebiet gelangen konnte, ohne von den Viehstationen weitergemeldet zu werden. Solange ich keine Beweise in der Hand habe, möchte ich von Ihren Eingeborenen annehmen, daß sie ihn nicht getötet haben. Und nun bitte ich um Ihre Mitarbeit.«

Minutenlang herrschte nachdenkliches Schweigen. Rose blickte auf ihre gefalteten Hände, während Brentner die Schuhspitzen anstarrte. Rose war es schließlich, die für sich und ihren Mann die Mithilfe zusicherte.

»Aber wie können wir Ihnen denn helfen?« fragte Brentner. »Ich komme mir vor, als ob ich mit meinem Wagen in einem Schlammloch stecke, während sich die Räder wie rasend drehen.«

»Ich habe beobachtet, daß jeden Morgen einer von den Eingeborenen auf die Weide geht, die ungefähr eine Quadratmeile umfaßt und nicht sehr mit Buschwerk bestanden ist. Er nimmt eine alte Stute und treibt dann gegen sieben Uhr die anderen Pferde hier in die Pferche. Ich möchte, daß Sie anwesend sind, wenn die Tiere hereingebracht werden. Sehen Sie sich Star genau an, ob Sie Anzeichen für einen strapaziösen Ritt feststellen können. Sollte das Tier nicht da sein, sollen Young Col und Ted danach suchen. Sie sollen sich vergewissern, daß Star nicht durch eine Lücke im Gatter entwichen sein kann. Fehlt das Pferd also tatsächlich, dann machen Sie einen Heidenlärm und lassen es suchen. Klar?«

»Ja, das werde ich tun.«

»Aber Captain soll nicht merken, daß Sie speziell an diesem Pferd interessiert sind. Fragen Sie erst in dem Moment nach Star, in dem feststeht, daß er nicht auf der Weide ist.« Bony wandte sich an Rose. »Für Sie, Mrs. Brentner, habe ich eine noch interessantere Aufgabe, und ich hoffe, daß Sie mich nicht im Stich lassen. Sie haben schlecht geschlafen, weil Sie sich Sorgen wegen der Bestrafung des jungen Paares machen. Rufen Sie also gleich morgen früh als erstes Captain zu sich. Zeigen Sie deutlich, daß Sie sich Sorgen um die beiden machen, und dann verlangen Sie von ihm, Sie sofort zu Gup-Gup zu führen. Lassen Sie sich keinesfalls davon abbringen. Sie bestehen darauf. Nehmen Sie Tessa mit. Dann befehlen Sie Gup-Gup, Lawrence und Wandin auf der Stelle in Ihrer Gegenwart zu trauen. Drohen Sie ruhig, dem gesamten Stamm ab sofort die Tabakration zu sperren, wenn die beiden nicht in Ihrem Beisein getraut werden. Beobachten Sie genau, wie Gup-Gup und Poppa reagieren. Es dürfte amüsant werden, denn Gup-Gup kann ja nicht die Frau eines anderen mit Lawrence verheiraten. Wir wollen sehen, wie er sich aus der Affäre zieht.«

»Donnerwetter!« rief der Viehzüchter. »Ich mache mit.«

»Und Sie, Mrs. Brentner?«

»Selbstverständlich, Bony. Schon im eigenen Interesse. Ich lasse mich nicht gern täuschen. Ich werde Tessa mitnehmen, aber es wird mir das Herz brechen, wenn auch sie mich hintergehen sollte.«

»Versetzen Sie sich einmal in Tessas Lage, Mrs. Brentner. Sie versucht lediglich, zwei Herren zu dienen. Das ist für keinen Menschen angenehm. Erinnern Sie sich, was sie geantwortet hat, als Sie sie fragten, warum sie damals davongelaufen sei. Instinktiv gehorchte sie dem, was sie für das Richtige hielt. Und deshalb hat sie auch heute abend nicht sofort Captains Erzählungen als Lüge entlarvt.«

Rose blickte in die blauen Augen, die sie um Verständnis zu bitten schienen, und in diesem Augenblick wurde ihr klar, daß sie Tessa wohl nie so verstehen würde wie dieser Mischling.

»Um noch einmal auf Captain zurückzukommen«, sagte Brentner. »Er ist fast immer von Weißen erzogen worden, er hat ein eigenes Zimmer, wo er lesen und schreiben kann, und er besitzt mein volles Vertrauen. Er steht seinem Stamm nicht näher als Tessa. Wenn es nun tatsächlich so ist, wie wir vermuten, dann wäre er ein ganz hinterhältiger Bursche. Die Zeiten sind zwar vorbei, wo man die Schwarzen geprügelt hat, aber ich habe große Lust, ihm seine Hinterlist auszuprügeln.«

»Sie wissen ganz genau, daß Sie nichts erreichen würden, wenn Sie einen Abo verprügeln«, erwiderte Bony ruhig. »Und Sie wissen auch, daß Sie damit nur sich selbst und Ihre Familie unglücklich machen würden. Jede Tat entspringt einem Motiv. Wir kennen das Motiv nicht, das zum Tod des Mannes im Krater geführt hat. Wir nehmen an, daß es sich nicht um Raubmord handelt. Ich erwähnte vorhin, daß Tessa einen innerlichen Konflikt durchmacht, weil sie zwei Herren dienen muß. Das gleiche könnte bei Captain der Fall sein. Deshalb sollten wir Nachsicht üben und nicht voreilig verurteilen. Grob ausgedrückt: Wir wollen uns nicht wie der berühmte Elefant im Porzellanladen benehmen. Es wird sich nämlich alles ganz von selbst klären.«

»Kurt, du wirst dich zurückhalten«, sagte Rose mit ernstem Gesicht. »Wir haben versprochen, morgen früh gewisse Dinge zu tun. Das wird viel interessanter, als wenn du den wilden Mann markierst und einen Eingeborenen verprügelst. Du suchst nach Star, und ich kümmere mich um Captain und Gup-Gup.«

Der kräftige, vierschrötige Viehzüchter, der mit Trockenperioden, mit Überschwemmungen und Buschbränden fertig geworden war, der die Berge und die Wüste bezwungen hatte, gehorchte sofort und grinste wie ein kleiner Bub, den man beim Apfelstehlen erwischt hatte.

»Die Frauen haben immer recht«, wandte er sich achselzuckend an Bony. »Wir reiten beide ein gemeinsames Rennen. Ich reite geradeaus und gebe die Sporen. Meine Frau reitet Umwege, hält an, um die Gegend zu bewundern, hält nochmals, um die Frisur zu richten, und doch ist sie zuerst am Ziel. So war es immer.«

»Na ja, es ist aber nicht so schwer zu ertragen, oder?«

»Nein, eigentlich nicht.«

»Du solltest ruhig zugeben, daß Bony recht hat, Kurt«, fügte seine Frau hinzu. Lächelnd wandte sie sich an Bony. »Und was werden Sie morgen früh unternehmen?«

»Ich werde den Sonnenaufgang beobachten und dabei ein wenig nachdenken. Vielleicht könnten Sie mir heimlich aus der Speisekammer ein paar Biskuits, ein Stück Käse, etwas Tee und Zucker und ein Kochgeschirr besorgen. Und Sie, Kurt, könnten mir eine Pistole leihen. Ich lasse meine nämlich immer zu Hause.«

Als Bony auf sein Zimmer ging, war er für seinen Ausflug gerüstet. Um ein Uhr morgens verließ er das Haus durchs Fenster seines Zimmer und schlich davon, ohne die Hunde zu wekken.

Obwohl kein Mond am Himmel stand, mußte er doch damit rechnen, im Licht der aufleuchtenden Meteore gesehen zu werden; denn die Kimberleys schienen sie geradezu anzuziehen. Oft leuchteten sie so hell auf, daß die ganze Landschaft illuminiert wurde.

Eine nächtliche Wüstenwanderung unterscheidet sich gewaltig von einem Spaziergang durch die dunklen Straßen einer

Großstadt. Hier mußte man Salzdornbüschen und dem in dicken Klumpen wachsenden Stachelgras ausweichen. Niedrige Büsche und hohe Sträucher bildeten Fallen, in denen man sich leicht verfangen konnte und an denen die Wolle von den unförmigen Schaffellschuhen hängenbleiben konnte. Bony besaß gute Augen. Er umging die Fallen und hielt sich auf den freien Sandflächen. Die Richtung fand er ganz instinktiv.

Trotzdem lastete das Gefühl der Einsamkeit schwer auf ihm. In diesem grenzenlosen Raum gab es keine Orientierungspunkte – keine Erhebung, keine Senke weit und breit. Der Horizont hob sich als kaum wahrnehmbarer schwarzer Strich von dem nur um eine Nuance helleren Himmel ab. Man hatte fast das Gefühl, durch dichten Nebel zu schreiten, der bis zur Hüfte reichte. Und in diesem Nebel lauerten viele Hindernisse. Doch die Instinkte seiner schwarzen Ahnen ermöglichten es diesem Mann, die Wüste wie im Tageslicht zu durchqueren.

Es war völlig windstill, und nicht das leiseste Geräusch war zu vernehmen. Auch Bony bewegte sich völlig lautlos, nicht einmal der Sand knirschte unter seinen Schaffellschuhen. Einmal stürzte er allerdings in einen ausgetrockneten Wassergraben, dessen steile Böschung einen Meter tief abfiel.

Kurze Zeit später glaubte er unmittelbar vor sich eine Bewegung zu bemerken. Er hielt an, zog prüfend die Luft ein und lauschte. Nichts. Er bückte sich und versuchte, gegen den Himmel etwas zu erkennen, doch auch so konnte er nichts entdecken. Vorsichtig richtete er sich wieder auf und zog die Pistole aus der Tasche. Ohne Zweifel war ein Lebewesen in der Nähe, er spürte es fast körperlich. Da flammte ein Meteor auf. Zwei Meter vor ihm saß ein riesiges Känguruh aufrecht auf seinem kräftigen Schwanz, die muskulösen Arme ausgestreckt, um sofort zuzupacken. Mit den scharfbewehrten Hinterbeinen konnte es glatt einen Menschen aufschlitzen.

Mensch und Tier erschraken beide gleicherweise. Bony warf sich zur Seite, und das Känguruh floh, noch bevor der Meteor verlosch.

Eine Stunde später kam ein kühler Südwind auf und brachte

den Geruch von lagerndem Vieh. Bony hatte die Tiere bereits passiert, als eine Kuh aufbrüllte. Die Scheindämmerung warnte ihn, und als am Osthimmel die Morgendämmerung heraufkam, befand er sich bereits beim Windrad und den Wassertanks von Eddy's Well. Bony hatte sich an der Stelle in dem hohen Büffelgras versteckt, wo der nackte Eingeborene verschwunden war, und beobachtete gebannt, wie sich der Sonnenball über den Horizont schob.

12

Bony saß gegen einen Baum gelehnt im Büffelgras, das einen dünnen Vorhang bildete, durch den er Eddy's Well deutlich sehen konnte. Die Flügel des Windrades drehten sich langsam und blitzten im Sonnenlicht. Bony hoffte, daß der Wind nicht zunehmen und andere Geräusche übertönen würde.

Er war überzeugt, auf seiner nächtlichen Wanderung keine Spuren zurückgelassen zu haben – höchstens an der Stelle, wo er in den Graben gestürzt war. Doch das war vier Meilen von der Farm entfernt, und deshalb würde wohl niemand etwas bemerken. Bony lächelte zufrieden. In diesem Augenblick würde Rose Brentner Captain zu sich rufen und verlangen, sofort zu Gup-Gup geführt zu werden. Captain dürfte deshalb so sehr beschäftigt sein, daß er vor dem Mittagessen Bonys Abwesenheit überhaupt nicht bemerken würde.

Um die Aufregung vollkommen zu machen, würde sich Brentner auch noch für die Pferde interessieren. Captain dürfte also kaum wissen, wo ihm der Kopf steht. Inzwischen aber suchte Bony Antwort auf eine Frage: Warum hatte man in größter Hast einen Spion zu Eddy's Well geschickt, wenn man später völlig unauffällig den Spuren der Pferde hätte folgen können. Hatte der Spion den Auftrag gehabt, zu belauschen, was am Lagerfeuer gesprochen wurde? Hinter dem Schuppen war er dazu ohne weiteres in der Lage gewesen.

Vermutlich gab es im Gebiet von Eddy's Well etwas, das für die Abos vom Deep Creek von größtem Interesse war, und sie wollten verhüten, daß Bony es entdeckte. Wenn ich hier im Gras hocke, dachte Bony, werde ich es allerdings nie herausfinden.

Er befand sich zwischen Eukalyptusbäumen und hohem Gras an der Südkante eines deltaförmigen Gebietes aus Wasserläufen und kleinen Seen. Young Col hatte ihm erzählt, daß dieses Gebiet überflutet wurde, sobald der Deep Creek eine Woche lang Hochwasser führte. Jetzt war alles knochentrocken und mit mannshohem Gras bewachsen, durch das sich die Pfade schlängelten, über die das Vieh zur Tränke zog. Hier war es nicht nötig, die Schaffellschuhe zu tragen, und er zog deshalb die Reitstiefel an.

Bony kletterte auf einen Baum und sah, wie sich die Wüste nach Norden zu verjüngte. Was für ein Geheimnis mochte dieses trockene, öde und deprimierende, mit Gras und Bäumen bestandene Dreieck enthalten, das er nicht ohne Wissen der Eingeborenen entdecken sollte? Es konnte doch nichts mit dem Toten im Krater zu tun haben. Vielleicht aber mit den Riten und Zeremonien des Stammes? Dieses Gebiet hatte einstmals unter Wasser gestanden und war die Heimat der Wasservögel, und viele wichtige Sagen hatten hier ihren Ursprung genommen.

Er wollte gerade wieder herunterklettern, als ihn eine Krähe bemerkte und mit lautem Gekrächze um den Baum flatterte. Offensichtlich hatte sich der Vogel für etwas anderes interessiert, als er plötzlich dieses unbekannte Ding im Baum entdeckte und protestierte. Er flog weiter über das Grasland und ließ sich auf einem anderen Baum nieder, und nun gesellten sich noch andere Krähen hinzu, die ebenfalls laut krächzend gegen den Störenfried protestierten. Bony kannte sich in der Vogelsprache aus, und als er eine Weile zugehört hatte, kam er zu dem Schluß, daß sich diese Krähen nicht über ein lebendiges Wesen unterhielten.

Er fand das Pferd auf einem der vom Vieh getrampelten Pfade im hohen Gras. Seine Lage verriet, daß es nach Eddy's Well geritten worden war, als es plötzlich der Tod ereilt hatte. Auf seiner Stirn befand sich eine sternförmige Blesse. Das offene

Maul, die Überbleibsel der heraushängenden Zunge und die eingetrocknete Schweißkruste auf dem Fell verrieten deutlich, daß das unglückliche Tier ohne Sattel geritten worden war, bis es vor Erschöpfung zusammenbrach. Das Zaumzeug hatte der Reiter entfernt. Es war deutlich zu sehen, daß das Pferd noch keine vierundzwanzig Stunden tot war, und deshalb stand es für Bony fest, daß dies der vermißte Star war. Am Rande des Pfades konnte er deutlich die Stelle erkennen, wo der Reiter auf den Boden geschleudert worden war. Bis hierher war die Geschichte klar, und die Fortsetzung würde wohl nicht lange auf sich warten lassen.

Bony schlüpfte ins hohe Gras zurück und kletterte auf einen Baum, von dem aus das tote Pferd gut zu sehen war. Das Tier war also zweifellos von diesem Eingeborenen zu Tode geritten worden, und nach dem Sturz war der Mann zur Wasserstelle gerannt, um seinen Auftrag auszuführen. Nach seiner Entdeckung mußte er dann die fünfzehn Meilen bis zur Farm zu Fuß zurücklegen, er war also erst viel später als Bony und Col dort eingetroffen – wahrscheinlich erst kurz nach fünf.

Um diese Zeit wußte Captain bereits, daß bei Eddy's Well ein Eingeborener gesehen worden war. Er hatte sich natürlich denken können, daß seinem Spion etwas Ernstliches zugestoßen war, und sich deshalb wahrscheinlich mit Gup-Gup beraten, als der Mann endlich zurückkam und den Tod des Pferdes meldete. Die Entdeckung der Pferdeleiche mußte für den Stamm und ganz besonders für Captain sehr üble Folgen haben – ganz gleich, wann der Kadaver entdeckt wurde. Schließlich konnte keine noch so phantasiereiche Ausrede etwas an dem toten Pferd ändern. Die Schwarzen würden sich also schleunigst um den Kadaver kümmern.

Erst als die Morgendämmerung heraufkroch und Bony sich längst bei Eddy's Well versteckt hatte, dürfte eine Gruppe Eingeborener das Camp verlassen haben. Die Schwarzen waren keinesfalls schon in der Nacht aufgebrochen; denn die Abos verließen in der Dunkelheit das schützende Lager nicht. Wenn sie sehr schnell marschierten, würden sie ungefähr vier Stunden benötigen, und diese vier Stunden waren jetzt um. Inzwischen hatte sich eine sehr entschlossene Rose Brentner Captain vorgeknöpft. Überdies würde der Viehzüchter wegen des fehlenden Pferdes Himmel und Hölle in Bewegung setzen. Da dürfte in der allgemeinen Aufregung wohl kaum jemand merken, daß Inspektor Bonaparte nicht zum Frühstück erschienen war.

Nachdem Bony wieder auf den Baum geklettert war, hatten sich die Krähen erneut bei dem Pferdekadaver niedergelassen, doch dreißig Minuten später erhoben sie sich nochmals unter lautem Protest. Bony war froh, daß die Eingeborenen erst jetzt eintrafen. Auf diese Weise hatten sie nicht sehen können, wie die Krähen bei seiner eigenen Ankunft aufgeflattert waren.

Es waren achtzehn Mann unter Poppas Kommando, und Bony wartete gespannt, auf welche Weise sie den Kadaver beseitigen wollten. Würden sie ihn verbrennen, bliebe sehr viel Asche übrig. Den Kadaver einfach an einen anderen Ort zu transportieren, wäre keine rechte Lösung des Problems, ihn aber zu Luzifers Couch zu bringen geradezu absurd. Würden die Eingeborenen das Pferd eingraben, dürften die Dingos es sicher wieder ausscharren, und die Krähen würden auf ihren Anteil warten und sofort die Aufmerksamkeit auf sich lenken. Es gab eigentlich nur eine Lösung: eine sehr tiefe Grube auszuheben. Aber die Männer hatten keine Spaten dabei und auch keine Lubras, die mit Grabstöcken hätten eine Grube ausheben können.

Sie schienen allerdings bereits einen festen Plan gemacht zu haben; denn sie hatten Messer mitgebracht. Zunächst lösten sie die Vorderbeine am Schulterblatt und die Hinterbeine an der Hinterbacke. Auf diese Weise entstanden nur unbedeutende Blutspuren, und der Körper des Tieres blieb intakt. Sie hatten lange Stangen mitgebracht, die sie zu Tragbahren zusammenfügten. Dann luden sie die einzelnen Teile auf und trugen sie weg. Poppa und ein anderer Abo blieben zurück und löschten alle Spuren aus.

Schließlich folgten der Medizinmann und sein Assistent den anderen, und die Krähen, die den Kadaver nicht aus den Augen ließen, verrieten Bony, daß der Weg tief ins Grasland führte.

Er wartete zwanzig Minuten, dann ging auch er den Buschpfad entlang. Dieser Pfad schlängelte sich durch das mehr als mannshohe Gras, und Bony mußte vorsichtig sein. Die Spuren der Eingeborenen waren deutlich zu erkennen, und die Krähen verrieten ihm, wie weit voraus sich die Abos befanden.

Als er laute Rufe hörte, blieb er lauschend stehen, doch sobald es wieder still war, ging er weiter. Wenige Minuten später stand er an einer Biegung des Pfades urplötzlich einem Bullen gegenüber. Bony sprang zur Seite ins hohe Gras und wartete, bis die lange Reihe Rindvieh auf dem Weg zur Tränke passiert hatte. Zweifellos hatten die Eingeborenen die Herde auf den Pfad getrieben, um auf diese Weise alle Spuren zu verwischen.

Nachdem die Rinderherde vorbei war, blieb Bony auch weiterhin im hohen Gras und ging parallel zum Buschpfad weiter. Schließlich erreichte er die Stelle, wo man die Herde auf den Pfad getrieben hatte. Als er kurz darauf wieder vorsichtig um die Biegung eines Pfades spähte, sah er, wie Poppa und sein Assistent mit Zweigen die Spuren der Eingeborenen auswischten. Kurze Zeit später konnte er über das hohe Gras hinweg einen Hügel sehen.

Als er sich weit genug genähert hatte, konnte er erkennen, daß es sich um eine Steinhalde handelte, die mitten in der Wüste aufragte. Nun wurde er Zeuge, wie die Träger mit dem Kadaver mühsam den Gipfel erklommen. Dort setzten sie die Bahren ab und kippten sie an einem Ende in die Höhe. Darauf trugen sie Steine und Felsbrocken zusammen.

Schließlich waren die Eingeborenen fertig und marschierten einen schmalen Wüstenstreifen entlang. Von seinem Standort aus konnte Bony allerdings lediglich die Gipfel einiger Baobabs erkennen. Ungefähr fünfzehn Minuten lang blieben die Schwarzen unsichtbar, und als Bony sie endlich wieder sehen konnte, marschierten sie den Wüstenstreifen zurück und verschwanden im hohen Gras. Sie hatten nichts mehr bei sich, und die enttäuschten Krähen ließen sich laut schimpfend auf den Baobabs nieder.

Bony setzte sich ins Gras, und da die leichte Brise aus Norden kam, konnte er sich unbesorgt eine Zigarette drehen. Zweifellos befanden sich die Abos jetzt auf dem Rückmarsch zum Camp; denn drei Meilen in Richtung zur Farm stieg eine mehrfach unterbrochene Rauchfahne auf. Wegen des böigen Windes war es allerdings unmöglich, eine bestimmte Nachricht zu senden, doch offensichtlich wollte man lediglich einem Beobachtungsposten im Camp mitteilen, daß der Auftrag erledigt war.

Bony wartete eine volle Stunde, dann kletterte er auf die Steinhalde. Die Stangen waren nicht mehr zu sehen. Sie waren zusammen mit den Überresten des Pferdes in den stillgelegten Schacht einer Erzmine geworfen worden, und außerdem hatte man noch von der Geröllhalde Steine hinuntergeworfen.

Bony mußte Poppa insgeheim ein Kompliment machen, denn der Medizinmann hatte wirklich an alles gedacht, dann ging er weiter zu den Baobabs. Sie standen in einer tiefen Mulde aus Granit und Fels, der durch den Sand schimmerte. Es waren fünf uralte Baobabs, die Stämme hatten einen gewaltigen Umfang und tiefe Narben, und nur spärliche Blätter wuchsen an den knorrigen Ästen. Diese Affenbrotbäume wirkten wie monströse Überbleibsel aus grauer Vorzeit.

Auf der sandigen Fläche waren keine Spuren zu erkennen, aber auf der breiten Felsplatte lag die Asche eines großen Feuers. Eine zweite Felsplatte war ebenfalls mit Asche bedeckt. Sie stammte offensichtlich von mehreren kleinen Feuern. Fast genau im Zentrum der Mulde aber rauchten noch die Überbleibsel eines kleinen Feuers.

Bony war überzeugt, daß es sich hier um das Camp des Stammes handelte, in dem die Reiferiten abgehalten wurden. Am großen Feuer wurde das Corroboree, die gewaltige Tanzpantomime, aufgeführt, und an den kleinen Feuern hielten die Männer ihre geheimen Beratungen ab. Eigentlich gab es nur einen plausiblen Grund, weshalb Poppa mit seinen Leuten hierhergekommen war: Wasser. Gleichzeitig war aber auch anzunehmen, daß hier der Schatz des Stammes aufbewahrt wurde. Zu ihm gehörten die äußerst machtvollen Totemamulette, die Deutebeine und zauberkräftiger gelber und roter Ocker. Wenn es Bony gelänge, diesen Schatz zu finden, würde er absolute Macht über den Stamm gewinnen.

Das immer noch schwelende Feuer interessierte ihn. Warum war es ausgerechnet an dieser Stelle angezündet worden? Die Abos hatten sich nicht lange genug aufgehalten, um etwas gekocht haben zu können. Er wußte aus Erfahrung, daß manchmal ein Feuer zur Tarnung angezündet wurde. Er schob deshalb mit einem dicken Ast die Glut beiseite und hob dann mit den Händen den Sand aus. Schließlich hatte er ein ungefähr dreißig Zentimeter tiefes Loch gegraben und stieß auf ein Stück hartes Fell.

Er hob es vorsichtig hoch, und nun wurde ein zweites Fell sichtbar, auf dem die Deutebeine, ein Dutzend geschnitzte Amulette, Schneidsteine, Gipsklumpen und ein kleiner Elfenbeinbuddha lagen.

13

Bony starrte auf die Werkzeuge guten und bösen Zaubers, und es schien diesem Mann, der zwei Rassen angehörte, daß die Welt um ihn herum über dieses Sakrileg bestürzt den Atem anhielt.

Die große Überraschung, die der Anblick des Elfenbeinbuddhas gewesen war, ließ ihn schließlich sein seelisches Gleichgewicht zurückfinden. Der Buddha repräsentierte eine fremde Kultur, und seine Anwesenheit verlangte eine Erklärung.

Auf dem Fell waren mit Baumharz rote und weiße Vogelfedern festgeklebt, und auf diesem Bett lagen neben den verschiedenen Schneidsteinen und Gipsklumpen ein kompletter Satz von Deutebeinen und einige Speerspitzen, die ebenfalls als Zauberinstrumente verwendet wurden. Der Satz Deutebeine bestand aus fünf dünnen, nadelspitzen, ungefähr fünfzehn Zentimeter langen Känguruhknochen. Die breiten Enden waren mit Latex an einen aus Menschenhaaren geflochtenen Faden geklebt, an dessen anderem Ende ein Paar Adlerklauen befestigt waren. Mit diesem Knochen wurde dann auf das Opfer gedeutet. Außerdem befand

sich an dem langen Faden noch ein Haarnetz, in das ein zauber-
kräftiges Totem gesteckt wurde.

An den Speerspitzen und den großen Feuersteinen waren
kurze Haarfäden befestigt, an deren Enden ebenfalls ein Netz
mit einem Totem angebracht war. Dieses Zaubermittel konnte
unauffällig von einem einzelnen Mann benützt werden, während
der komplette Satz an Deutebeinen mindestens zwei Mann zur
Bedienung erforderte. Bony dachte unwillkürlich daran, wie
man damals das Deutebein auf ihn gerichtet hatte, und er spürte
plötzlich wieder den schmerzhaften Griff der Adlerklauen an
Leber und Nieren. Mit äußerstem Abscheu hob er das Fell mit
den Zauberinstrumenten hoch, und nun sah er, was die Eingeborenen hier gewollt hatten.

In dem felsigen Untergrund war ein fünf Zentimeter breiter
Spalt. Als Bony einen Stein hineinwarf, hörte er Wasser aufsprit-
zen. Mit einem Grashalm konnte man mühelos Wasser aus dem
Reservoir saugen, und nachdem das Zauberwerkzeug heimlich
von Poppa beiseite gebracht worden war, hatten sich alle für den
Rückmarsch erfrischt.

Bony legte sorgfältig das Fell mit den Zauberinstrumenten an
den alten Platz zurück, legte das zweite Fell darüber und scharrte
das Loch wieder zu. Dann zündete er über dem Versteck ein
kleines Feuer an, so daß er alles ganz so zurückließ, wie er es
vorgefunden hatte. Als er wieder im hohen Gras gegen einen
Baum lehnte, rauchte er mehrere Zigaretten und grübelte darüber nach, was der Buddha bei den Deutebeinen zu suchen hatte.

Dieser Buddha war ungefähr fünf Zentimeter hoch und fast
ebenso breit. Von Ohr zu Ohr war ein Loch gebohrt, durch das
man einen Faden oder ein feines Goldkettchen ziehen konnte,
vermutlich, um den Buddha als Talisman um den Hals zu hängen. Es bestand kein Zweifel, daß dieser Buddha unter Poppas
Zauberinstrumenten eine wichtige Rolle spielte. Offensichtlich
hatte ein Seemann in einem der Häfen ihn an einen Küsteneinge-
borenen verkauft, und der hatte ihn an einen Eingeborenen im
Landesinnern weitergehandelt. Wahrscheinlich war er auf einem
der geheimnisvollen Handelspfade in Poppas Besitz gelangt und

hatte dabei laufend an Zauberkraft gewonnen, weil er unterwegs »besungen« worden war.

Die Kultur der australischen Ureinwohner ist wie eine tiefe Quelle, die ein Weißer nie ergründen wird. Und die Weißen selbst haben dazu beigetragen, daß die Verwirrung noch größer wurde. So ist es heute unmöglich, sofort zu entscheiden, ob eine Sage wirklich auf die alten Kulturen zurückgeht oder ob sie das Produkt eines phantasievollen Weißen ist.

Bony schlief bis zum Abend, dann verließ er sein Versteck im Büffelgras und kehrte ins Herrenhaus zurück. Kurz nach Morgengrauen erschien er an der Küchentür und bat um eine Tasse Tee. Er trug einen kastanienbraunen Morgenmantel, blaue Hausschuhe und hatte Handtuch und Toilettenbeutel bei sich.

»Morgen, Inspektor Bonaparte! Wie geht's denn so?« begrüßte ihn der Koch.

»Ich hoffe, Sie haben noch eine Tasse von Ihrem ersten Tee übrig«, sagte Bony.

»Nichts zu machen. Aber der Kessel kocht schon. Ich brühe gleich neuen auf. Ich komme selbst fast um vor Durst. Wo haben Sie eigentlich gesteckt?«

»Ich war drüben in Beaudesert, Jim. Haben Sie sich denn anständig betragen, während ich weg war?«

»Ich! Warum sollte ich nicht«, erwiderte der Koch. »Aber der Boß führt sich völlig verrückt auf. Außerdem war die Chefin unten im Camp bei den Schwarzen. Und in all dem Durcheinander hat Mr. Lamb sich auch noch eine ganz dumme Sache geleistet.«

»Hm.« Bony wartete ungeduldig auf den Tee. »Was hat Mr. Lamb denn angestellt?«

»Er hat danebengezielt.«

»Was hat er gemacht?«

Scolloti klatschte mit gekonntem Schwung den Teigrest in die letzte Backform und wischte sich die bemehlten Hände an einem Lappen ab. Dann setzte er sich mit finsterem Gesicht an den Tisch.

»Nun schenken Sie ein, Inspektor. Mit Tee kann man sich

leider nicht betrinken, aber ich wünschte, es gelänge mir jetzt. Ja, nach all den Jahren einwandfreier Führung hat Mr. Lamb danebengezielt. Es war gestern morgen, und zwar so schlimm, daß ich am liebsten geheult hätte. Er hat die Tür um zwei Meter verfehlt.«

»Was Sie nicht sagen«, meinte Bony und nahm sich einen süßen Haferkuchen. »Um zwei Meter! Das klingt allerdings bedenklich. Und wie ist es passiert?«

»Ich weiß nicht. Es ist vorher noch nie vorgekommen. Vielleicht ist Mr. Lamb durch die Schimpferei des Bosses etwas aufgeregt gewesen. Es fehlt nämlich ein Pferd. Und wenn der häusliche Frieden gestört ist, wird auch Mr. Lamb nervös. Er war mit der Chefin und Tessa im Camp, und als er allein zurückkam, sah er aus, als hätte er sich entschlossen, niemals mehr von zu Hause wegzugehen. Er kam an die Küchentür und winselte um Tabak. Ich gab ihm etwas, dann legte er sich unter dem Baum in die Sonne. Tja, plötzlich höre ich draußen einen Mordskrach, und im nächsten Moment schreit und flucht jemand ganz fürchterlich. Ich saß genau wie jetzt hier am Tisch. Ich wundere mich natürlich, was los ist, als auch schon Toby hereinkommt. Er sieht aus, als hätten ihn die Waschfrauen durch die Mangel gedreht. Aber das ist unmöglich; denn es ist gar kein Waschtag. Toby blutet fürchterlich aus der Nase, und er reibt sich den linken Arm und das rechte Bein. Ich frage ihn, was er will. Er setzt sich hin, und das Blut fließt über den Boden, und als Mr. Lamb zur Küchentür hereinschaut, ahne ich immer noch nicht, was passiert ist.«

»Kaum zu glauben«, murmelte Bony. »Und wer ist dieser Toby?«

»Ein Eingeborener. Hilft hin und wieder bei der Musterung. Er blutet also fürchterlich, und ich drücke Toby rasch einen Lappen in die Hand und gehe hinaus, um nachzusehen, was eigentlich passiert ist, denn ich mache mir Sorgen um Mr. Lamb. Glücklicherweise war niemand in der Nähe gewesen, und als ich wieder in die Küche komme, hat Tobys Nase aufgehört zu bluten. Es ist natürlich eine ernste Geschichte; denn der Boß hatte gedroht, Mr. Lamb abzuschaffen, sobald er jemand ernstlich verletzt. Und Toby sah wirklich reichlich ramponiert aus. Ich brachte ihn zur Hintertür und ließ ihn den Kopf in einen Eimer mit kaltem Wasser stecken – das hat ihm bestimmt nicht geschadet. Und dann erzählte er mir, daß Mr. Lamb an allem schuld war. Er habe überhaupt nicht an Mr. Lamb gedacht, weil er eine Nachricht von der Missus für mich habe. Ich nahm ihn also wieder mit in die Küche, gab ihm eine Tasse Tee und ein Marmeladentörtchen, das ich gerade noch übrig hatte, und versuchte ihm einzureden, daß er nicht von Mr. Lamb gegen die Wand gestoßen worden war. Er sei bestimmt gestolpert. Doch da kommen die beiden Gören herein, und Hilda erzählt mir, daß sie gesehen habe, wie Mr. Lamb mit seinem Billardstoß danebengezielt hat.«

»Das sind ja wohl zwei verläßliche Zeuginnen, Jim. Aber Sie haben natürlich Mr. Lamb in Schutz genommen?«

»Na, was glauben Sie denn! Er ist doch der einzige Witzbold weit und breit. Die Kinder erzählten, daß sie gerade im Schulzimmer gearbeitet hätten, als es passiert sei. Ich setze sie an den Tisch und gebe ihnen eine heiße Marmeladensemmel, die ich gerade aus dem Herd geholt hatte, um ihnen den Mund zu stopfen. Dann habe ich ihnen und Toby klargemacht, daß wir verloren seien, wenn Mr. Lamb nicht mehr hier wäre, und daß wir am besten alle vergessen, was geschehen ist. Niemand dürfe etwas erfahren! Schließlich war es der erste Fehlstoß, seit Captain Mr. Lamb diesen Sport beigebracht hatte. Die Kinder waren sofort einverstanden, und nachdem auch sie Toby gut zugeredet hatten, fand er, daß sein Arm wieder in Ordnung und das Bein nicht gebrochen sei. Ich hielt ihm noch ein Viertelpfund Preßtabak unter die Nase, und da erklärte er schließlich, daß Mr. Lamb niemals beabsichtigt habe, ihn gegen die Wand zu schleudern. Er habe ihn lediglich durch die Tür schubsen wollen.«

Bony hätte am liebsten laut gelacht. Weniger wegen des schmerzhaften Resultats von Mr. Lambs Mißgeschick, als über die Art, wie der Koch die Geschichte erzählte. Aber er biß sich auf die Lippen, denn Scolloti machte ein todernstes Gesicht.

»Es ist Ihnen also gelungen, den Vorfall geheimzuhalten«,

meinte der Inspektor und schenkte sich eine zweite Tasse Tee ein. »Was war eigentlich aus der Nachricht geworden, die Toby von Mrs. Brentner zu überbringen hatte? War die bei der Geschichte verlorengegangen?«

»Nein. Toby gab sie mir. Ich sollte ihm die Bibel vom Regal im Taghaus geben.«

»Oh!« Bony bog sich innerlich vor Lachen. »Und das fehlende Pferd ist bisher nicht gefunden worden, sagen Sie?«

»Irgendwas stimmt da nicht«, brummte Jim und blickte auf die Uhr. »Pferde lösen sich nicht einfach in Luft auf. Der Boß ist schrecklich wütend. Er läßt jeden verfügbaren Mann danach suchen. So, und jetzt muß ich fürs Frühstück sorgen, damit die Leute auch wegkommen, die Star suchen sollen.«

Bony wartete absichtlich, bis Brentner und die Männer losgeritten waren, und ging erst dann frühstücken. Rose und die Kinder hatten mit Tessa gerade Platz genommen, und Rosie wollte wissen, wo er denn auf seiner Wanderung gewesen sei.

»Fast in Beaudesert. Nicht ganz. Ich habe mich nämlich zu lange im Krater aufgehalten. Und wie habt ihr beide euch aufgeführt? Mir sind zwei Sagen eingefallen, die werde ich euch nach dem Lunch erzählen.« Tessa servierte ihm das Frühstück und setzte sich dann wieder ihm gegenüber auf ihren Platz. Sie trug eine weiße Bluse zu einem schwarzen Faltenrock und hatte das Haar glatt zurückgekämmt, so daß ihr rundes Gesicht einen strengen Zug erhielt, der nicht zu ihr paßte. Hilda weigerte sich, ihre Haferflocken zu essen.

»Na, dann will ich mal gleich eine von den Sagen erzählen«, meinte Bony. »Fertig? Also, da war eine alte Lubra, die hatte viele hungrige kleine Kinder und wußte nicht, wie sie sie satt bekommen sollte. Die Känguruhs waren knapp, und die Männer ließen kein Essen für sie übrig. Da nahm die alte Lubra die Kinder und machte sich auf die Suche nach etwas Eßbarem. Und sie liefen und liefen und fanden nichts. Schließlich kamen sie zu einem riesigen Affenbrotbraum, und sie setzten sich nieder und lutschten an den Daumen, um die knurrenden Mägen zu beruhigen. Da sagte der Affenbrotbaum: ›Wenn ihr –‹«

96

Bony schwieg und schob einen Bissen in den Mund, während Hilda mit großen, erwartungsvollen Augen darauf wartete, daß er weitererzählte. Aber er schien die Sage vergessen zu haben. Tessa bat Hilda, sie solle endlich essen; denn der Unterricht würde an diesem Morgen pünktlich beginnen. Rosie drang in Bony, er möge doch endlich verraten, was der Affenbrotbaum gesagt habe.

»Was der Baobab gesagt hat? Oh, iß erst mal auf, Hilda. Nein, das hat natürlich der Baobab nicht gesagt, das habe ich gesagt. Es ist – ihr macht mich ganz konfus. Iß jetzt dein Frühstück, Hilda, dann kann ich die Sage zu Ende erzählen. So ist's recht. Also, der Baobab sagte: ›Wenn ihr in meine Speisekammer seht, werdet ihr eine Menge Marsileasamen finden. Davon könnt ihr Mehl mahlen und daraus Porridge kochen. Und noch etwas anderes ist in meiner Speisekammer: zwei Beine und zwei Schulterstücke eines Rindes. Da könnt ihr euch alle Steaks abschneiden und ein Feuer machen und sie braten. Und ich verspreche euch, ihr werdet nie wieder hungrig sein.‹«

Hilda hatte ihren Porridge aufgegessen und setzte sich neben Bony. Ihre Augen glänzten, und von Widerspenstigkeit war nichts mehr zu merken.

»Nun, ja, die Kinder und die alte Lubra suchten die Speisekammer des Baobab. Sie mußten an dem alten Stamm zum Eingang im Gipfel hinaufklettern. Und dann mußten sie ein Seil knüpfen und einen der Buben daran im Innern hinablassen; denn die Speisekammer befand sich tief unten und nirgends waren Stufen. Als der hungrige kleine Bub nun unten angekommen war, schnitt er sich sofort Steaks ab und aß sie gleich roh. Und als er sich vollgestopft hatte, war er zu schwer, um wieder hinaufgezogen zu werden. Er war aber auch zu müde, noch mehr Steaks abzuschneiden, die man dann hätte hinaufziehen können. So ließ man ein kleines Mädchen hinunter. Und auch sie schnitt sich sofort Steaks ab und stopfte sich voll, ohne an die anderen zu denken, denen das Wasser im Munde zusammenlief. Schließlich war auch sie zu schwer, um hinaufgezogen zu werden, und man ließ wieder einen kleinen Jungen hinunter. So ging es weiter, bis nur noch die arme Lubra oben auf dem Baum saß. Ihr könnt euch wohl denken, wie ihr zumute war. Oder?«

»Wie denn?« wollten Rosie und ihre Schwester wissen. Rose Brentner lächelte, und Tessa blickte Bony aus ihren großen schwarzen Augen feierlich an.

»Also, da saß sie nun, hungrig wie – nun, wie ein Beuteldachs. Schließlich band sie das Ende des Seils um einen Ast und ließ sich daran hinunter. Doch da riß das Seil, und sie fiel zwischen die Buben und Mädchen, die alle so dicke Bäuche hatten, daß sie sich nicht mehr rühren konnten. Die alte Lubra schnitt sich Steaks ab, die sie ebenfalls gleich roh aß, aber seltsamerweise nahm der Fleischvorrat überhaupt nicht ab. Es war ein richtiger Festschmaus. Sie konnten essen und essen, aber die Speisekammer wurde nicht leer.«

»Und wie sind sie schließlich wieder herausgekommen, Inspektor?« fragte Rosie.

»Sie sind überhaupt nie mehr herausgekommen«, antwortete Bony und streifte Tessa mit einem flüchtigen Blick. »Das Seil war sehr hoch oben gerissen, so daß sie es nicht mehr knüpfen konnten. Und seitdem sagt dieser Baobab zu jedem, der vorüberkommt: ›Klettere herauf und sieh nach, was in meiner Speisekammer ist.‹ Aber das tut natürlich niemand, denn jeder weiß ja, daß ein Affenbrotbaum gar keine Speisekammer hat.«

Hilda legte ihre kleine Hand auf Bonys Arm. »Vielen Dank. Und nun erzählen Sie bitte noch die zweite Sage.«

»Erst nach der Schule«, entschied ihre Mutter. »Und nur, wenn der Inspektor auch Zeit hat. Aber ich will euch etwas sagen: Heute vormittag könnt ihr einen Aufsatz über diese schöne Sage schreiben. Was meinst du, Tessa?«

»Eine gute Idee.«

»Aber wie sollen wir denn die alte Lubra nennen?«

»Nun, so schrecklich alt war sie noch gar nicht. Lediglich den Kindern erschien sie alt. Also nennen wir sie Iritisatassa. Ihr könnt den Namen natürlich auch abkürzen. Meinetwegen könnt ihr sie Tessa nennen.«

Tessa und die Kinder lachten, und als die drei ins Schulzimmer gegangen waren, musterte Rose Brentner Bony nachdenklich und fragte, ob er noch eine Tasse Kaffee wünsche.

14

Bony stand auf und setzte sich zu Mrs. Brentner. »Nun, wie klappte es mit der Hochzeit?«

»Es wurde nichts daraus«, erwiderte Rose. »Es war ein Fiasko. Wo haben Sie eigentlich während des ganzen Aufruhrs gesteckt?«

»Ich habe mir von einem Baobab Sagen erzählen lassen. Und was macht Ihr Mann heute?«

»Sie suchen alle nach dem vermißten Pferd. Es war gestern nicht auf der Weide. Kurt ist wütend darüber. Nicht so sehr wegen des finanziellen Verlustes, sondern wegen des Gedankens, daß es ein Abo genommen haben könnte. Er hat Col und Ted mit einem halben Dutzend Schwarzer losgeschickt. Auch Captain muß mitsuchen. Möchten Sie noch mehr wissen?«

»Ich interessiere mich vor allem für die Hochzeit, die – wie Sie sagen – nicht stattgefunden hat.«

»Nun, ich ging also mit Captain und Tessa zu Gup-Gup. Als wir im Lager ankamen, schlief Gup-Gup in seiner Hütte. Ich mußte ihn von Captain herausholen lassen. Dann ließ ich mir von Captain eine Kiste bringen, auf die habe ich mich gesetzt. Gup-Gup hatte rasch einen alten Militärmantel angezogen und hockte sich vor mich hin. Er wirkte überhaupt nicht wie ein Häuptling, sondern wie ein schmutziger alter Mann. Er murmelte etwas zu einer Lubra, und die holte sofort vier weitere schmutzige Männer, die sich hinter Gup-Gup hockten.«

Bony blies das Streichholz aus, mit dem er Rose Brentner Feuer gereicht hatte, schwieg aber.

»Ich fragte zunächst, was man mit Lawrence und dem Mädchen gemacht habe«, fuhr sie fort. »Gup-Gup erwiderte, es sei ihnen nichts geschehen; denn ich hätte doch Captain ausdrücklich angewiesen, die beiden nicht zu bestrafen. Dann allerdings wurde er unverschämt. Er sagte: ›Missus sagen Captain, daß Abogesetze nicht länger gut. So nichts getan Lawrence, und Wandin für Bruch von Abogesetz.‹ Dann befahl ich, die beiden zu holen, und diesmal kam ein Dutzend Lubras mit sämtlichen Kindern des Camps und noch mehr Männer. Captain sagte zu ihnen etwas in der Eingeborenensprache, die Männer begannen zu rufen, und bald erschien Lawrence, und gleich darauf auch das Mädchen. Ich sah, daß sie völlig normal gehen konnten. Es sei wohl das beste, wenn die beiden sofort getraut würden, sagte ich. Ich glaubte besonders klug zu sein und erklärte den beiden, sie hätten das Gesetz gebrochen, und je eher sie nun auf Eingeborenenart getraut würden, um so eher sei auch das Recht der Eingeborenen wiederhergestellt. So wollten Sie es doch haben, ja?«

»Ganz recht. Und was geschah nun?«

»Es kam ganz, wie Sie vorausgesehen hatten. Die alten Männer begannen miteinander zu flüstern. Gup-Gup zeichnete mit einem Stöckchen Figuren in den Sand. Die Frauen schwiegen, und plötzlich begann ein Eingeborener in mittleren Jahren, den ich noch nie gesehen zu haben glaube, heftig auf Gup-Gup einzureden. Aber der nahm keine Notiz von ihm. Schließlich fuhr Captain den Mann an, und da schwieg er. Ich dachte – könnte das vielleicht Wandins Ehemann gewesen sein?«

»Höchstwahrscheinlich«, erwiderte Bony. »Als rechtmäßiger Gatte dürfte er allerdings protestiert haben, wenn man Wandin mit Lawrence verheiraten wollte. Wie sieht er denn aus?«

»Oh! Ich möchte sagen, er ist größer als die meisten und sehr kräftig. Zwei Vorderzähne fehlen. Und an der rechten Stirnseite hatte er eine Platzwunde. Tessa sagte mir auf dem Heimweg, er heiße Mitti. Die alten Männer flüsterten miteinander, und Gup-Gup malte weiterhin mit seinem Stöckchen Bilder in den Sand. Sonst aber geschah nichts, und ich hatte das Gefühl, ich müßte den ganzen Tag so dasitzen, bevor ihnen die Geduld ausgehen würde.«

»Sie hätten bis zum Jüngsten Gericht sitzen bleiben können, aber die Abos hätten die Geduld nicht verloren«, meinte Bony.

»Das habe ich sehr schnell gemerkt, und deshalb sagte ich ihnen, wenn sie die beiden nicht trauen würden, dann würde ich es tun. Ich befahl einen jungen Eingeborenen zu mir. Zufällig hatte ich einen Briefumschlag in der Tasche und Tessa einen Bleistift. Ich schrieb also rasch eine kurze Notiz für Jim Scolloti, er möge Toby – so hieß der Eingeborene – die Bibel mitgeben. Dann las ich laut vor, was ich geschrieben hatte, und wies Toby an, sich zu beeilen. Gup-Gup erklärte ich, daß ich die beiden nun selbst trauen würde. Da begann der Schwarze mit der Schramme auf der Stirn zu brüllen, aber ich konnte es nicht verstehen. Tessa behauptete, er protestiere, weil ein Eingeborenengesetz nach dem anderen gebrochen werde. Toby blieb sehr lange weg, und als er endlich die Bibel brachte, sah er so aus, als habe man ihn verprügelt. Ich fragte ihn danach, aber er erklärte, er sei lediglich über eine Wurzel gestolpert und aufs Gesicht gefallen. Nun hatte ich endlich die Bibel und wollte so tun, als ob ich die beiden trauen wollte – da waren sie plötzlich verschwunden.«

»Hatte Tessa denn nicht gesehen, wohin sie verschwunden waren?« fragte Bony amüsiert.

»Angeblich nicht. Worüber lachen Sie eigentlich? Weil ich nun dastand mit meiner Weisheit?«

»Nicht nur deshalb. Was wurde eigentlich aus dem großen Abo mit der Stirnwunde?«

»Der Mann, der so wütend protestiert hatte? Ich weiß nicht. Er verschwand ebenfalls.«

»Und Poppa, der Medizinmann?«

»Den habe ich überhaupt nicht gesehen.«

»Was haben Sie nun getan, nachdem das Pärchen verschwunden war?«

»Ich ließ Gup-Gup durch Captain ausrichten, daß es keinen Tabak mehr geben würde, solange die beiden nicht in meiner Gegenwart getraut worden seien.« Rose Brentners Gesicht hellte sich auf. »Ich bezweifle, ob ich die beiden überhaupt hätte trauen können. Wir haben ein Gebetbuch, aber ich konnte mich nicht entsinnen, wo es liegt. Habe ich alles richtig gemacht?«

»Ausgezeichnet! Sind Sie nun überzeugt, daß die schwarze Lady die Frau von Mitti ist?«

Diesen Eindruck habe sie, erwiderte Rose, und Bony trommelte mit den Fingern nachdenklich auf den Tisch.

»Was hat das alles zu bedeuten?« fragte Rose schließlich. Sie wollte unbedingt wissen, was vorging, und ihr Mißerfolg im Eingeborenencamp hatte sie in eine gereizte Stimmung versetzt.

»Eine Binsenweisheit besagt, daß man den Gegner nicht pakken kann, wenn er sich völlig passiv verhält. Als ich hier ankam, lag alles wie in einem Dornröschenschlaf. Deshalb mußte ich alle aufscheuchen. Gup-Gup zappelt jetzt an Ihrem Angelhaken. Sie haben mir nicht viel von Captain erzählt, aber er weiß bestimmt nicht, wo ihm der Kopf steht. Mitti, der Bursche mit der Kopfwunde, kommt vor Eifersucht fast um. Und Poppa wird sich zweifellos eine Geschichte ausdenken, die das Verschwinden des Pferdes erklären soll. Ich hoffe nun, daß wir bei all dem hektischen Treiben die Lösung des Rätsels von Luzifers Couch finden. Sie erwähnten, daß Tessa Ihnen erklärt hat, Mitti habe gegen den Bruch der Abogesetze gewettert. Befanden Sie sich da bereits auf dem Heimweg?«

»Ja.«

»Da waren Sie aber bereits fest überzeugt, daß Mitti protestiert hatte, weil man seine Frau mit Lawrence trauen wollte?«

»Ja. Sehen Sie – ich konnte zwar kein Wort verstehen, aber der Mann zeigte erst auf Wandin und dann auf sich. Man sah ihr an, daß sie Angst hatte, und er packte sie auch minutenlang am Handgelenk.«

»Und doch erzählte Ihnen Tessa später, Mitti habe lediglich protestiert, daß die Gesetze der Eingeborenen gebrochen würden. Was meinen Sie nun, wer recht hat: Sie oder Tessa?«

Rose schloß gequält die Augen, dann funkelte sie Bony ärgerlich an.

»Manchmal bin ich direkt wütend auf Sie, Inspektor Bonaparte. Als mir wegen Tessa Zweifel aufstiegen, habe ich sie beiseite geschoben, und nun zerren Sie sie wieder hervor. Jawohl, ich gebe zu, genau zu wissen, daß der Mann dagegen protestiert hat, weil Wandin mit Lawrence getraut werden sollte. Selbst Lawrence bekam Angst bei diesem Wutausbruch. Was sollen wir nun mit Tessa machen?«

»Wieso? Nichts. Sie dient lediglich zwei Herren, ohne sich dessen bewußt zu sein. Sobald sie sich eines Tages dieser Tatsache bewußt ist, wird sie sich für den einen oder den anderen entscheiden. Übrigens – haben Sie jemals einen kleinen Elfenbeinbuddha gesehen, den jemand als Talisman getragen hat?«

»Einen Buddha! Sie haben wirklich immer neue Überraschungen. Nein, ich könnte mich nicht entsinnen.«

»Ich freue mich, daß Sie das sagen.« Bony starrte nachdenklich auf die Zigarette, die er sich gerade drehte, während Rose das Profil des Inspektors studierte.

»Werden Sie nun bei Mrs. Leroy bleiben, während Kurt nach Hall's Creek fährt?« fragte er schließlich.

»Ethel war sehr angetan von meinem Vorschlag, aber sie wollte ihn nicht annehmen. Ich solle ruhig mit nach Hall's Creek fahren und die Kinder mitnehmen, dann sei es wirklich einmal eine Abwechslung für uns alle. Ihre Schwester bleibt bei ihr.«

»Dann fahren Sie also nach Hall's Creek?«

»Ich hoffe. Kurt war heute morgen viel zu wütend, um mit mir darüber zu sprechen.«

»Wenn er einverstanden ist, fahren Sie also – und wann wäre das?«

»Dann müßten wir morgen fahren. Kommen Sie mit?«

»Ich glaube kaum. Aber ich benötige eine Auskunft von Mrs. Leroy, und da könnten Sie mir einen Weg ersparen. Ich darf Sie noch daran erinnern, bevor Sie losfahren. Es betrifft einige Sagen.«

»Sagen! Sie scheinen sich ja außerordentlich für Sagen zu interessieren. Schreiben Sie etwa ein Buch darüber?«

»Vielleicht – wenn ich hier fertig bin.« Bony lachte. »Diese Sagen sind wirklich interessant und sollten aufgezeichnet werden, bevor die Gup-Gups das Zeitliche segnen. Um noch einmal auf Ihren Ausflug zurückzukommen: Sie fahren doch gern?«

»O ja. Schließlich ist es eine Abwechslung in unserem ewigen

Einerlei. Außerdem werde ich wieder mal nach Herzenslust mit anderen Frauen tratschen können. Manchmal habe ich das Gefühl, daß wir hier schrecklich isoliert leben.«

»Dann werde ich bei Ihrem Mann ein gutes Wort einlegen, daß er Sie mitnimmt. Wollen Sie mir dafür Schützenhilfe leisten, wenn es soweit ist?«

Rose Brentner lachte. Sie könne sich nicht denken, daß er jemals Hilfe brauche, meinte sie, aber sie würde ihn selbstverständlich gern unterstützen. Doch jetzt habe sie leider im Haushalt zu tun. Bony nickte und machte sich auf den Weg in die Küche.

»Ich habe gerade an Sie gedacht«, sagte der Koch, und seine dunklen Augen blickten Bony besorgt entgegen. »Sie haben doch niemandem erzählt, daß Mr. Lamb sich danebenbenommen hat?«

»Natürlich nicht«, versicherte Bony. »Ich bin ihm auch gar nicht mehr böse. Im Gegenteil, ich habe ihm gerade die beste Zigarette geschenkt, die mir seit Monaten gelungen ist. Haben Sie eigentlich herausgefunden, warum er danebengezielt hat?«

Scolloti zupfte sich an seinem struppigen Bart und seufzte. »Nein, keine Ahnung. Das Dumme ist nur – wenn er wieder mal danebenzielt, und es sieht jemand, dann schickt ihn der Boß dahin zurück, wo er hergekommen ist. Mr. Lamb tut so was sonst nie. Er hätte Toby ernstlich verletzen können –«

»Hätte? Ich dachte, der Mann war bereits ziemlich ramponiert?«

»Ach, so schlimm war es nun auch wieder nicht. Nichts gebrochen. Aber wenn der Boß gestern davon erfahren hätte, wo er sowieso üble Laune hatte, hätten Mr. Lamb und die beiden Mädels Abschied voneinander nehmen müssen. Der Boß war wegen Star ehrlich wütend auf die Schwarzen und auch auf Captain. Er behauptete, daß einer von ihnen das Pferd gestohlen hat, um damit drüben in Beaudesert einer Lubra nachzujagen. Er sagte Captain, es sei höchste Zeit, daß er sich selber auch eine Lubra nehme und nicht immer herumträume. Meine Zeit, war der Boß wütend!«

»Dann hat Captain also keine Lubra, wie?«

»Soviel ich weiß, nein. Er hat zwar zweimal bei Tessa einen Versuch unternommen, aber er konnte nicht landen. Sie ist ein raffiniertes kleines Luder. Nie weiß man, was in ihr vorgeht. Man sagt immer, Bildung verdirbt die Schwarzen. Und was Captain anbelangt – es ist eben unnatürlich, wenn ein Eingeborener ein eigenes Zimmer hat und nachts nichts anderes tut als Gedichte zu lesen.«

»Tut er das denn?«

»Gedichte und Geschichtswerke. Er erhält sie von der Chefin. Sie bezieht sie aus Perth. Er hat sogar eine schönere Handschrift als ich.«

»Auf diese Weise lernt er wohl auch die Sagen kennen, die er den Kindern erzählt?« meinte Bony und freute sich über die Richtung, die das Gespräch genommen hatte.

»Wahrscheinlich. Er erzählt ihnen Sagen, die ich noch nie gehört habe, und ich kenne eine Menge. Wenn man bei der Viehmusterung abends ums Lagerfeuer sitzt, werden sie erzählt.«

»Haben Sie jemals eine Sage über die Entstehung des Kraters gehört?«

»Nein, nicht daß ich wüßte. Aber da dürfte es auch keine geben. Der Meteor kam ja schließlich erst in jüngster Vergangenheit herunter.«

»Manche Leute behaupten, er sei schon vor sechshundert Jahren heruntergekommen.«

»Nein, ich weiß genau, daß es neunzehnhundertfünf war. Im Dezember. Es gibt noch viele Leute, die das Ereignis beobachtet haben. Da draußen wohnten ja damals nur die Wilden, und die waren zu dieser Zeit wirklich noch wild. Aber Joe der Stinker und sein Kumpel suchten östlich von Hall's Creek in den Bergen nach Gold. Sie schliefen in ihrem Zelt, da wurde es plötzlich taghell, und als sie rauskamen, sahen sie den Meteor fallen und hörten das gewaltige Krachen. Wenn er wirklich schon vor sechshundert Jahren heruntergekommen wäre, gäbe es auch Sagen darüber.«

»Die Wilden hätten sie sich ausgedacht?«

»Natürlich. Captain könnte sich auch welche ausdenken, aber er ist eine Ausnahme.«

15

Gup-Gup saß auf seinem leeren Sack neben dem kleinen Feuer, von dem eine dünne Rauchfahne aufstieg und schräg an Poppas Kopf vorbeizog. Die Lubras und die Kinder vollführten an diesem Nachmittag weniger Lärm als sonst.

Hin und wieder grunzte Gup-Gup leise vor sich hin, und Poppas Augen funkelten ärgerlich. Eine volle Stunde hatten sie schweigend dagesessen, als plötzlich ein Schatten auf sie fiel und Bony zu ihnen niederblickte.

»Der Sohn von Illawalli nimmt dem die Sicht, den er besucht«, murmelte der Häuptling. »Einmal wird es anders sein.«

»Dann wird der Fremde erst ein Zeichen geben, bevor er das Camp betritt«, brummte Poppa.

»Dann werden die Eingeborenen vor allen Dingen keine Narren mehr sein«, erwiderte Bony, hockte sich auf seine Fersen, zog Tabak und Papier aus der Tasche und drehte sich eine Zigarette.

Die beiden Schwarzen beobachteten, wie er die Dose mit Tabak und Papier wieder einsteckte und die Zigarette anzündete. Keiner sprach, und langsam schlichen die Minuten dahin. Nach zwanzig Minuten verlor Poppa die Geduld.

»Warum bist du heute gekommen?« wollte er wissen.

»Es gab einmal in einem fernen Lande zwei weise Männer, die saßen den ganzen Abend am Feuer, ohne ein einziges Wort zu sprechen, und als sie in der Nacht auseinandergingen, sagte der eine: ›Das war heute wirklich ein wundervoller Abend‹«, erwiderte Bony. »Wir sitzen hier vor dem Feuer und erkennen in den hüpfenden Flammen und dem aufsteigenden Rauch so manche Dinge. Frage ich dich, Poppa, warum du den ganzen Tag hier in der warmen Sonne sitzt? Nein, ich sehe alles in Gup-Gups Feuer.«

»Gib etwas Tabak, Boß«, sagte Gup-Gup.

»Was?« meinte Bony spöttisch und blies dem Häuptling träge den Rauch ins Gesicht. »Schon keinen Tabak mehr? Das kann ich nicht glauben. Eure Lubras werden noch genug haben. Wie kommt es denn, daß ihr so knapp seid?«

»Tabakration ist nicht gekommen«, knurrte Poppa. »Alles geht verkehrt.«

»Das ist aber schlimm! Nun, vielleicht kommt ihr beide ja ins Gefängnis. Da gibt es viel Tabak. Es ist gar nicht so schlimm im Gefängnis. Gewiß, in der Nacht ist es etwas einsam. Da sind keine Lubras, die einen alten Mann wärmen, Gup-Gup, und du müßtest hart arbeiten, Poppa. Aber wie gesagt – viel Tabak!«

»Schlauer Bursche, wie?« Poppa riß sich zusammen. Beinahe hätte er laut losgebrüllt.

»Es ist nicht schwer, bei euch zwei Dummköpfen schlau zu sein«, erwiderte Bony ruhig.

»Schlauer Bursche«, wiederholte Poppa.

»Ihr erzählt Märchen über Lawrence und Wandin, daß sie zusammen zu Eddy's Well gelaufen seien. Ihr behauptet, die beiden müßten nun getraut werden. Dabei ist Wandin schon längst mit Mitti verheiratet. Und Mitti beginnt vor der Missus laut zu schimpfen, weil er glaubt, sie würde Wandin und Lawrence trauen.« Bonys Stimme wurde eine Nuance schärfer. »Was ist eigentlich los mit euch? Redet schon! Was ist los mit euch zwei schwatzenden Lubras?«

»Schlauer Bursche«, murmelte Poppa, und Bony tippte ihm gegen die Stirn.

»Bißchen schwach da oben. Kein Zweifel, ihr seid beide ein wenig schwach im Oberstübchen. Dabei habt ihr es hier so gut. Ein gutes Camp. Viel Wasser. Viel Essen. Viel Tabak. Keine Arbeit. Eure geheimen Plätze, wo ihr mit euren jungen Männern und Lubras die Reifezeremonien abhalten könnt. Und da seid ihr so geistesschwach und erzählt ein Märchen, daß Lawrence und Wandin weggelaufen seien.«

Poppas Gesicht zuckte, und man sah deutlich, wie die Wut in ihm aufstieg. Der mottenzerfressene Bart und der weiße Haarschopf von Gup-Gup zitterten leicht im Sonnenlicht, während die knochigen Hände die Äste im Feuer zusammenschoben. Das Gesicht blieb unbewegt wie das des Elfenbeinbuddhas. Doch plötzlich sprang Poppa auf und brüllte Bony in seinem Stammesdialekt an. Seine Augen funkelten zornig, und die zurückgezogenen Lippen entblößten die halbverfaulten Zähne.

Bony rauchte ruhig weiter. Ohne aufzublicken, herrschte Gup-Gup Poppa an, und die Schimpftirade verstummte sofort. Nur das scharfe Atmen des Medizinmannes war noch zu hören.

Poppa hockte sich wieder auf seine Fersen, und Gup-Gup langte in den Beutel aus Känguruhhaut, den er um den Hals hängen hatte, und holte ein Stück Preßtabak und ein altes Taschenmesser heraus. Er schnitt sich ein Stück Tabak ab, steckte die übrigen Sachen wieder in den Beutel, starrte feierlich ins Feuer und kaute mit vorgerecktem Unterkiefer. Nach zehn Minuten drückendem Schweigen begann Bony weiterzustichein.

»Dann verlangt ihr von Captain, er soll dem Boß sagen, Lawrence sei draußen bei Eddy's Well gewesen und dort von mir und Young Col überrascht worden. Ich verstehe euch nicht. Ein kleiner Junge hätte dem Boß vielleicht so ein dummes Märchen aufgetischt. Schließlich schickt ihr auch noch Lawrence und Wandin mit Captain zum Boß und erzählt ihm, die beiden müßten nun nach Stammessitte getraut werden. Und als sie vom Boß weggehen, hinterlassen sie natürlich Spuren, und ich sehe am nächsten Morgen, daß nicht Lawrence draußen bei Eddy's Well war, sondern Mitti. Wollt ihr denn unbedingt ins Gefängnis kommen? Los, redet schon!«

Die beiden Eingeborenen kauten bedächtig ihren Tabak und dachten über Bonys Worte nach. Unwillkürlich mußte Bony an Mr. Lamb denken, der ihm viel intelligenter erschien als diese beiden. Er unterschätzte sie durchaus nicht. Jeder Eingeborene wird sich in einer solchen Situation instinktiv dumm stellen. Dann hob Gup-Gup den Kopf und blickte Bony fest an.

»Wie du sagst: Mitti war draußen bei Eddy's Well«, gab er zu, und Poppa ruschte nervös hin und her. »Er ist so, wie du von uns behauptest – beschränkt. Hat niemals getaugt. Hat nie für den Boß gearbeitet. Hält sich manchmal für einen Wilden. Geht manchmal in den Busch, ohne Hosen, sogar ohne Lendenschurz. Nimmt auch keinen Speer und keine Keule mit. All right. Dann siehst du und Young Col nackten Schwarzen bei Eddy's Well. Schwarzer flüchtet schnell ins hohe Gras. Kein Lendenschurz, kein Speer, keine Keule – nichts. Mitti sagt, er wilder Schwarzer, aber du weißt, die wilden Schwarzen laufen nicht so herum. Boß wird wütend, als Young Col ihm von Mitti erzählt. Boß wird wütend, weil Schwarzer von Station nackt herumläuft. Sagt, niemand darf ohne Hosen herumlaufen. Nur ich, solange ich im Camp bleibe. Nun kommt Nacht, und Mitti läuft immer noch herum. So muß Captain etwas tun. Und da haben sie Lawrence und Wandin zum Boß gebracht, um ihn von der richtigen Spur abzulenken. Okay, Boß sagt, wenn Schwarzer mit junger Lubra herumläuft, dann ihm egal.«

»Dieser Captain«, fiel Bony ihm ins Wort, »ist ebenfalls nur ein dummer Schwarzer, wenn er auch auf der Farm wohnt.«

»Captain ist Sohn von meinem Sohn«, erwiderte Gup-Gup feierlich, und seine Augen leuchteten. »Mein Sohn getötet von den Wilden. Captain wird eines Tages Häuptling sein.«

»Captain ist fast weiß-schwarzer Mann«, mischte sich Poppa ein. »Wenn wir in Klemme sitzen, Captain erledigt alles. Nun sitzen wir in Klemme, und Captain regelt es. Wir haben Scherereien, weil Mitti nackt herumrennt und Boß das nicht will, und Captain sorgt dafür, daß es keine Scherereien mehr gibt.«

»Das ist Captain aber nicht gelungen. Ihr habt ihm alles vermasselt«, entgegnete Bony. Er freute sich, die beiden aus ihrem trotzigen Schweigen herausgelockt zu haben, aber er hatte wenig Hoffnung, etwas Brauchbares zu erfahren. »Nun müßt ihr Mittis Lubra mit Lawrence verheiraten und alle Tabus brechen, und die jungen Männer und Frauen werden euch auslachen.«

»Auch das wird Captain in Ordnung bringen«, erklärte Gup-Gup stolz. »Mitti ging mit seiner Lubra in den Busch auf eine lange Wanderschaft. Gibt keine Scherereien mehr.«

Bony wartete, bis ihn die beiden Schwarzen anblickten.

»Sind Wandin und Mitti mit dem Pferd auf Wanderschaft gegangen, mit Star?« fragte er.

Sofort senkte sich der Vorhang nieder, und Gup-Gup beschäftigte sich mit seinen Feuerstäbchen.

»Boß und seine Leute suchen Star. Star ist von der Weide ausgebrochen«, murmelte der Häuptling.

»Dann werdet ihr froh sein, wenn Star gefunden wird. Wenn Star nämlich nicht gefunden wird, dürfte der Boß glauben, daß Mitti ihn genommen hat, und dann wird er ihn durch Wachtmeister Howard suchen lassen, und der wird ihn wegen Pferdediebstahl ins Gefängnis stecken. Also noch mehr Scherereien! Wenn der Boß das Pferd nicht sehr bald findet, wird Captain noch viel Kummer haben. Glaubt ihr, daß Captain auch damit fertig wird?«

»Captain wird auch damit fertig, all right«, sagte Poppa barsch.

»Hoffen wir's. Erst wird ein Weißer tot im Krater gefunden, dann erzählt ihr ein Märchen über Lawrence und Wandin, und schließlich stellt der Boß fest, daß ein Pferd fehlt – da hat Captain eine ganze Menge zu tun. Die Missus hat mir gesagt, falls der Boß Star nicht finden kann, wird er euch alle hier wegjagen. Der Stamm kommt in die Nähe der Eingeborenenstraflager, und ihr beide ins Gefängnis. So geht es nicht weiter!« Bony packte einen brennenden Ast. »Dies hier ist der tote Mann im Krater.« Er langte nach einem anderen Ast. »Dies sind die Scherereien mit Mitti und Wandin und Lawrence.« Mit einem Ruck riß er den dritten Ast unter Gup-Gups Nase weg. »Und dies hier ist das Pferd, falls es nicht gefunden werden sollte. Eins, zwei drei – Wachtmeister Howard wird sagen, daß damit das Maß voll ist, und ihr kommt alle ins Straflager.« Bony legte die Äste genauso ins Feuer zurück, wie sie der Häuptling angeordnet hatte, und dabei zählte er nochmals auf: »Nummer eins – nicht schlimm. Nummer zwei – nicht schlimm. Nummer drei – nicht schlimm. Aber eins, zwei, drei zusammen, so wie hier, dann steht es übel für euch alle.«

Jetzt endlich wurde Bonys Geduld belohnt. Gup-Gup war zu ängstlich, die Kratergeschichte länger abzuleugnen.

»Warum sagst du immer wieder, Schwierigkeiten für uns wegen Mann im Krater«, begann er. »Wir Schwarzen sind schon lange hier, und wir hatten keine Schwierigkeiten mit dem weißen Mann. Du sagst, wir leben gut am Deep Creek und würden es nur nicht wissen. Du sagst, wir sind beschränkt. Du bist auch beschränkt. Der Tote im Krater hat nichts mit dem schwarzen Mann zu tun.« Gup-Gup blickte Bony fest an. »Du willst großer Polizeimann sein, wie?«

Welches Motiv sollten diese Leute haben, einen Weißen zu ermorden? Falls sie diesen Mann tatsächlich umgebracht haben sollten – was Bony nicht glaubte –, würden moralische Gründe ausschlaggebend gewesen sein. Bestimmt nicht Gewinnsucht. Und außerdem töteten sie nicht mehr aus reiner Mordlust wie damals, als die Weißen nach Australien kamen. Jetzt lebten sie mit den Weißen friedlich zusammen und würden nur noch mit Gewalt reagieren, wenn jemand ihr Schatzhaus ausraubte oder eine Lubra stahl. Und selbst dann würden Männer wie Gup-Gup sich alles erst sehr reichlich überlegen. Der Häuptling war zwar ein ungewaschener Eingeborener, aber er besaß mehr Intelligenz als mancher Weiße. Dann konnte sein Verhalten nur so zu erklären sein, daß er jemand die Treue halten wollte.

Bony unternahm noch einen Versuch und legte seine Karten offen auf den Tisch. »Ihr sagt, der Mann im Krater bedeutet keine Schwierigkeiten für euch.« Er sprach betont langsam. »Aber nun verratet mir einmal: Weshalb habt ihr dann einen Tracker losgeschickt, der nachsehen mußte, was ich am Krater gemacht habe? Vor Sonnenaufgang ist er hingeritten. Und warum habt ihr am selben Morgen durch eine Lubra nachsehen lassen, wo ich am Bach gewesen bin? Weshalb stellt ihr einen Beobachtungsposten vor mein Zimmer? Ich muß doch annehmen, daß ihr Angst habt, ich könnte herausfinden, wer den Mann getötet und in den Krater gebracht hat.«

»Schlauer Bursche«, sagte Poppa leise.

Doch dann senkte sich wieder tiefes Schweigen über die drei

Männer. Diesen Eingeborenen konnte man nicht mit juristischen Gesichtspunkten kommen, daß auch Mitwisserschaft oder Beihilfe strafbar war. Bony rauchte noch eine Zigarette, dann stand er abrupt auf und ging.

Anstatt zum Herrenhaus zurückzukehren, marschierte er hinaus in die Wüste. Dort setzte er sich auf den Kamm einer niedrigen Düne und blickte nach Osten und Süden. Er war deprimiert, aber nicht aus Enttäuschung über seinen Mißerfolg, sondern weil er genau wußte, daß er die Bucht nicht überqueren konnte, die ihn von diesen Leuten trennte. Es war nicht zum erstenmal in seiner Laufbahn, daß er vor dieser unüberbrückbaren Bucht stand, und er war verstimmt, daß seine Persönlichkeit nur die Hälfte des Erbes der mütterlichen Rasse mitbekommen hatte, während die andere von seinem weißen Vater stammte. Und diesen inneren Zwiespalt spürte er immer wieder als starkes Handikap.

Die Sonne stand schon tief über den Bergen, die Dünen warfen scharfe Schatten, und sein eigener Schatten wies wie ein langer Pfeil auf Luzifers Couch. Nun, wenn Gup-Gup die Wahrheit gesagt hatte, wenn die Schwarzen den Mann also nicht getötet hatten, dann mußten sie sich dem Täter gegenüber irgendwie verpflichtet fühlen. Dann mußte der Mörder ein Weißer sein. Und die Leute, denen sich die Eingeborenen verpflichtet fühlten, befanden sich auf der Farm. Aber wer konnte es sein?

Luzifers Couch wirkte wieder wie ein riesiges Goldbarren auf weißem Samt, und davor lag die rosarote Wüste mit ihren dunkelgrünen Tupfen. Der Himmel aber nahm die dunkle Tönung von Indigo an.

Bony vernahm Hufschläge, und als er sich umwandte, sah er Young Col und einen Abo, die zur Farm ritten. Young Col winkte ihm zu.

»Wer möchte es nicht auch so gut haben wie Inspektor Bonaparte?« rief er herüber.

16

Beim Abendessen hörte Bony, daß man das fehlende Pferd nicht gefunden hatte. Brentner und die beiden weißen Cowboys hatten sich jeder einen Eingeborenen mitgenommen und das riesige Gebiet der Viehstation abgeritten, um nach Spuren von Star zu suchen. Aber niemand hatte etwas entdeckt. Jeder hatte gehofft, die anderen würden Glück haben und vor ihnen zurückgekommen sein. Als sie sich nun um den Tisch versammelten, waren sie verärgert und enttäuscht, und Brentner war klug genug, das Thema seinen beiden Assistenten zu überlassen.

»Ich möchte wetten, daß Inspektor Bonaparte diesen Klepper sich ausgeliehen hat«, sagte Young Col und blickte Bony prüfend an. »Er unternimmt einen Ausflug, und gleichzeitig wird Star vermißt. Alles Weitere ist eine logische Schlußfolgerung. Also, wann bringen Sie den Gaul zurück, Bony?«

»Na, ich will es Ihnen verraten: Er wurde lahm, und da ließ ich ihn in Beaudesert«, erwiderte Bony lachend. »Deshalb kam ich auch erst am Morgen zurück.«

»Und uns läßt er den ganzen Tag durch die Gegend reiten und den Hosenboden durchwetzen«, meinte Old Ted und zwinkerte Tessa zu. »Wirklich nett, wie Sie das Geld der Viehzuchtgesellschaft vergeuden. Aber der Gaul muß wohl Flügel gehabt haben und nach Beaudesert geflogen sein. Und dabei ist er wohl flügellahm geworden.«

»Eher dürfte ihm das Benzin ausgegangen sein«, brummte Young Col und beobachtete nachdenklich Old Ted. »Aber nachdem nun das Geheimnis von Stars Verschwinden gelöst ist – Mr. Brentner, wen lassen Sie eigentlich morgen mit nach Hall's Creek fahren? Mich, hoffe ich.«

»Das habe ich noch nicht entschieden. Ich weiß überhaupt nicht, ob ich selbst fahre«, erwiderte Brentner kurz angebunden. »Mir gefällt die Sache mit Star nicht. Bei mir verschwinden keine Pferde, ohne daß ich weiß, was los ist. Ich hatte Captain mitgenommen, und er benahm sich den ganzen Tag über, als ob er

Magenschmerzen hätte. Und was habt ihr eigentlich gemacht? Euch auf die faule Haut gelegt und gewartet, bis es Zeit zum Heimkommen war? Ein Pferd kann doch nicht herumlaufen, ohne Spuren zu hinterlassen. Zwei von uns hätten mit geschlossenen Augen darüber stolpern müssen.«

Die drei Männer starrten trübsinnig vor sich hin, und Rose Brentner blickte sie prüfend an. Die Kinder aßen, und das Eingeborenenmädchen sah Brentner – so schien es Bony – voller Bewunderung an.

»Sie sagten vorhin, daß Sie den Eindruck hatten, Captain sei von Magenschmerzen geplagt worden. Da kommt mir eine Idee«, meinte Bony. »Wie ich gesehen habe, stehen auf der Pferdeweide Bäume und Büsche. Angenommen, Star hatte Kolik und sich abseits von den anderen Pferden niedergelegt. Vielleicht liegt es immer noch in seinem Versteck. Er kann aber ebensogut inzwischen wieder mit den anderen Pferden grasen. Wenn es Ihnen recht ist, werde ich mich morgen einmal umsehen. Ich kannte sogar einmal ein Pferd, das legte sich nieder, sobald es merkte, daß es gesucht wurde. Und ein anderes Pferd versteckte sich immer hinter Bäumen.«

»Da haben wir's«, brummte Old Ted und seufzte. »Der Fall ist gelöst. Da das Pferd nicht außerhalb der Weide zu finden ist, muß es noch auf der Weide sein. Ganz einfach, Watson. Der nächste Fall bitte!«

»Du wirst nie ein richtiger Tommy werden«, entgegnete Young Col verächtlich. »Nur, weil er in England geboren ist, tut er immer so, als hätte man ihn auf den Stufen vom Buckingham Palace gefunden und im königlichen Haushalt großgezogen.«

Brentner lächelte säuerlich und wandte sich an Bony. »Ich habe da eine Information für Sie. Wenn es Ihnen recht ist, können wir drüben im Büro Kaffee trinken.«

»Oh, sehr gut«, meinte Bony gleichgültig und folgte dem Viehzüchter aus dem Zimmer. Im Büro bot ihm Brentner einen Sessel an, während er zunächst die Verandatür schloß.

Keiner schien es eilig zu haben, das Gespräch zu eröffnen. Bony drehte sich eine Zigarette, und der Viehzüchter stand am

Schreibtisch und schnitt mit einer Papierschneidemaschine Preßtabak zurecht. Nachdem er sich die Pfeife angezündet und Bony gegenüber Platz genommen hatte, begann er endlich zu sprechen, und seine Stimme klang rauh.

»Schön, was wissen Sie über das Pferd?«

»Viel und wenig. Wir sind von einer Mauer des Schweigens umgeben, sowohl was das Pferd als auch den Ermordeten im Krater betrifft. Es wird Ihnen nicht gefallen, aber ich hielt es aus strategischen Gründen für notwendig, daß Sie und Ihre Leute den ganzen Tag nach dem Pferd gesucht haben.«

Brentner zog die Brauen hoch und runzelte die Stirn.

»Ich hätte gern mehr gehört«, sagte er.

»Darf ich Sie zunächst an unser Gespräch von gestern abend erinnern? Ich war der Ansicht, daß Ihre Eingeborenen wahrscheinlich wissen, wer den Mann getötet und die Leiche in den Krater gebracht hat, ohne direkt am Mord beteiligt zu sein. Ich hoffe, daß die Tatsachen mir recht geben werden. Sollte es der Fall sein, werde ich alles daransetzen, daß die Eingeborenen nicht wegen Mitwisserschaft zur Rechenschaft gezogen werden. Meine Gründe dafür sind Ihnen bekannt. Darf ich Sie nun bitten, mich auch weiterhin zu unterstützen?«

»Zum Teufel, ich weiß überhaupt nicht mehr, was gehauen und gestochen ist. Wenn Sie von mir hören wollen, daß Sie in dieser Angelegenheit zu bestimmen haben, dann bitte!«

»Ich bestimme ja bereits die ganze Zeit, was zu geschehen hat«, entgegnete Bony. »Ein Mann wurde also ermordet, und die Aufklärung eines Mordes ist auf der ganzen Welt für die Polizei reine Routinearbeit. Meine Vorgesetzten aber interessiert das Motiv, und nicht der Täter. Und das Motiv ist meiner Meinung nach bei Ihren Eingeborenen oder einem benachbarten Stamm zu suchen. Sie wissen ja wohl selbst, wie schwierig es ist, die Psyche der Eingeborenen zu ergründen. Ich möchte deshalb –«

Die Tür ging auf, und Rose Brentner brachte den Kaffee.

»Ich wollte gern dabeisein, wenn gegenseitig gebeichtet wird«, sagte sie. Bony nahm ihr das Tablett ab und stellte es auf ein Tischchen.

»Das habe ich mir gedacht«, erwiderte er lächelnd. Er trat an die Tür und wandte sich um. »Wir haben über Politik und den Besuch des Ministers gesprochen.« Er schloß die Tür, behielt aber den Türknopf in der Hand. Die Brentners starrten ihn verwundert an. »Es wird schön sein für Sie, wenn Sie auf dieser Versammlung die zwar vagen aber großartigen Versprechungen der Politiker hören«, sagte er laut. Plötzlich riß er die Tür auf, trat hinaus, blickte sich nach beiden Richtungen um und kam wieder zurück. »Ich habe Ihrem Mann erzählt, daß ich ihn und seine Leute den ganzen Tag nach dem Pferd suchen ließ, obwohl es gar nicht mehr existiert, um auf diese Weise besser mit meinen Ermittlungen voranzukommen.«

Kurt Brentner war zu Reglosigkeit erstarrt, während seine Frau irritiert von einem zum anderen blickte. Bony setzte sich und stützte das Kinn auf die gefalteten Hände.

»Der Eingeborene, den ich bei Eddy's Well entdeckte, heißt Mitti und ist der Mann von Wandin. Das Pferd werden Sie nicht mehr finden, Mr. Brentner; denn es ist tot.«

Brentners Gesicht überzog sich mit tiefer Röte, aber er hatte seine Stimme unter Kontrolle.

»Wo haben Sie es gefunden?« fragte er leise.

»Mitti ritt ein sehr scharfes Tempo, um vor uns bei der Wasserstelle einzutreffen. Das Pferd brach unter ihm zusammen. Einen Moment bitte! Die Eingeborenen dürfen nicht erfahren, was wir wissen; denn durch ihr weiteres Verhalten werden wir das Motiv für das Verbrechen im Krater kennenlernen. Wir werden dann auch erfahren, wer der oder die Täter waren. Sind Sie immer noch bereit, mir zu helfen?«

»Aber gewiß«, erwiderte Rose Brentner sofort. Sie blickte ungeduldig zu ihrem Mann, weil er zögerte. »Was hast du, Kurt? Natürlich müssen wir Inspektor Bonaparte helfen. Verstehst du denn nicht? Wenn Mitti und Gup-Gup und Poppa und die anderen in die Geschichte verwickelt sind, dann könnten sie auch Tessa und Captain mit hineinziehen.«

»In dieser Hinsicht gibt es doch wohl kein ›Wenn‹ mehr, Rose. Ich dachte auch nicht an Tessa, sondern an Captain. Er war heute aufsässig. Ich werde nicht vergessen, daß Captain die Geschichte mit dem davongelaufenen Liebespaar aufgetischt hat. Ich sage ja immer wieder: Ein Eingeborener kann genau wie ein Weißer weit über sich hinauswachsen, wenn er bereit ist, zu lernen. Wir werden mit Ihnen zusammenarbeiten, Bony.«

»Ich habe nicht daran gezweifelt«, meinte Bony zufrieden.

»Zunächst möchte ich Sie bitten, diese Reise nach Hall's Creek wie geplant anzutreten. Nehmen Sie die Kinder mit – so hatten Sie es doch wohl vor? Und nehmen Sie auch Old Ted mit. Lassen Sie Young Col hier; denn er sagte mir, daß er mit dem Funkgerät umgehen kann. Einverstanden?«

»Ja. Aber ich weiß nicht, ob Old Ted auch mitfahren will.«

»Ich möchte es aber. Es wird Ihnen schon ein Grund einfallen, warum er mitkommen soll. Wenn er hierbleibt, könnte es wieder Schwierigkeiten zwischen ihm und Captain geben.«

»Davon haben Sie auch gehört? Ich vermutete es zwar, aber ich weiß nichts Genaues.«

»Was für Schwierigkeiten?« fragte Rose.

»Weibergeschichten«, erwiderte ihr Mann. »Vor längerer Zeit erzählte Ted, er sei vom Pferd gestürzt und habe sich im Steigbügel verfangen. Dadurch sei er mitgeschleift worden und habe sich das Gesicht zerschunden. Ich glaubte es zwar nicht, aber ich wollte auch kein großes Theater machen, falls ihn ein Schwarzer verprügelt hatte, weil Ted sich an eine Lubra heranmachen wollte. Ich habe herausgefunden, daß es das beste ist, wenn man die Abos sich um ihre eigenen Angelegenheiten kümmern läßt.«

»Aber dann solltest du ihn lieber entlassen. So etwas mögen wir nicht.«

»Wir hatten ein Abkommen getroffen, Rose«, sagte Brentner, und seine Augen funkelten. »Du kümmerst dich um den Haushalt, ich kümmere mich um das Personal und das Vieh. Wenn sich ein Weißer an eine Lubra heranmachen will, können wir das ruhig Captain überlassen. Er kann zuhauen wie eine Dreschmaschine. Ich werde Ted Arlie nicht entlassen. Er ist ein guter Viehhüter und wird sogar noch Fortschritte machen. Außerdem ist es schwer, weiße Arbeiter zu bekommen. Er ist ganz in Ordnung, solche Leute brauchen wir hier.«

»Gut.« Rose wandte sich an Bony. »Wir werden schon einen Grund finden, Ted mitzunehmen. Platz genug ist ja. Sie bleiben hier?«

»Ja. Notfalls kann mir ja Col den Funkapparat bedienen. Ich könnte zwar selbst damit umgehen, aber vielleicht bin ich dann gerade nicht anwesend. Ich hoffe nämlich, daß Gup-Gup und seine Genossen einen Fehler begehen, während Sie in Hall's Creek sind. Vielleicht könnten Sie, Mr. Brentner, Captain noch anweisen, für mich ein Pferd bereitzuhalten. Und geben Sie Col bitte Arbeiten, die ihn hier auf der Farm beschäftigen. Einverstanden?«

»Läßt sich machen«, versicherte Brentner. »Aber jetzt erzählen Sie endlich, wo Sie das Pferd gefunden haben. Verraten Sie doch schon, was geschehen ist. Wir waren bis Eddy's Well und haben auch das Gras abgesucht. Sie haben gesagt, das Pferd sei zusammengebrochen, aber wir haben keine Krähen bemerkt, die sich über den Kadaver hergemacht hätten.«

»Ich möchte Ihnen nur so viel sagen, daß Ihre Eingeborenen irgendwie in den Mord verwickelt sind. Ich glaube, daß sie unter Druck handeln. Sie haben Angst vor jemandem, der stärker ist als sie selbst. Oder weil sie sich dem Täter gegenüber zur Treue verpflichtet fühlen. Ich kann mir kein Motiv denken, warum sie an der Ermordung eines Weißen teilgenommen haben sollten. Gup-Gup gab mir gegenüber selbst zu, daß ein solches Verbrechen für seinen Stamm verheerende Folgen haben würde. Deshalb ist es völlig unglaubhaft, daß er oder sein Medizinmann die Tat veranlaßt haben sollten. Sie wissen ja, wie abhängig diese Leute voneinander sind und daß kaum einer von ihnen selbständig handelt. Ich nehme deshalb an, daß die Eingeborenen unter Druck stehen oder sich jemandem verpflichtet fühlen. In dem Moment, in dem ich hier ankam, wurde ich beschattet, aber es wurde mir gegenüber keinerlei feindlicher Akt begangen. Mitti ritt mit diesem Pferd zu Eddy's Well, um zu sehen, was ich dort wollte. Wie er das Pferd gestohlen hat, spielt keine Rolle. Er mußte ein scharfes Tempo einschlagen, um zuerst anzukommen. Das Pferd brach ungefähr eine Meile von der Wasserstelle entfernt tot im Gras zusammen. Dabei wurde Mitti mit dem Kopf gegen eine Baumwurzel geschleudert, und er verletzte sich an der Stirn. Später habe ich beobachtet, wie das Pferd zerlegt und in Portionen weggebracht wurde. Das in dieser Gegend weidende Vieh wurde über den Pfad getrieben, um alle Spuren auszulöschen, und ich zweifle nicht, daß man die Spuren in der Nähe der Farm ebenfalls ausgelöscht hat.«

»Wer hat das Pferd zerlegt? Meine Schwarzen?« wollte Brentner wissen.

»Nicht jetzt! Ich habe Sie ins Vertrauen gezogen, und das kommt bei mir höchst selten vor. Sie dürfen mir glauben, daß mir das Wohl Ihrer Eingeborenen sehr am Herzen liegt. Ich habe für die Schwarzen ganz Australiens größte Sympathie, und vorausgesetzt, daß sie nicht direkt an dem Mord beteiligt sind, werde ich dafür sorgen, daß dem Stamm nichts passiert. Fahren Sie also morgen nach Hall's Creek und seien Sie beruhigt, daß hier alles ganz normal weiterläuft.«

Brentner erhob sich. »All right, Bony. Wie Sie wollen. Sie sind ein seltsamer Mensch. – Und jetzt brauche ich einen Drink.«

Er schloß einen Schrank auf und nahm eine Whiskyflasche heraus, während seine Frau Gläser holte.

»Ich hätte gern während Ihrer Abwesenheit das Büro benützt«, meinte Bony lachend. »Und da habe ich nichts dagegen, wenn Sie den Schlüssel für diesen Schrank mitnehmen.«

17

Bony verließ die Brentners, holte sein Schreibzeug und zog sich ins Taghaus zurück. Dort rauchte er und überlegte, wie er seinen Brief an Mrs. Leroys Schwester am besten formulieren könnte. Er wollte von ihr über Funk gewisse Informationen haben, die aber nur von ihm selbst verstanden werden sollten. Im

Taghaus war es kühl und ruhig, nur von den Männerquartieren klang leise Radiomusik herüber.

Nachdem er den Brief geschrieben und zugeklebt hatte, dachte er noch einmal über sein Gespräch mit den Brentners nach. Über Kurt Brentner war er sich noch nicht so recht schlüssig. Seine Frau war zweifellos die stärkere Persönlichkeit. Kurt Brentner explodierte zwar manchmal, fügte sich aber schließlich doch ihren Wünschen. Er würde die Eingeborenen viel besser verstehen als seine Frau, und deshalb konnte sein Verhältnis zu Captain auch viel intimer sein, als es den Anschein hatte. Schließlich war er sein ganzes Leben lang in dieser Gegend Australiens gewesen. Bony konnte darum die Möglichkeit nicht ausschließen, daß auch der Viehzüchter etwas von dem Toten auf Luzifers Couch wußte.

Er sah sich ganz einfach einer Mauer gegenüber, einer Mauer des Schweigens. Einer Mauer, die man errichtet hatte, um vor ihm die Wahrheit zu verbergen. Brentner hatte ihm zwar seine Unterstützung zugesagt, gleichzeitig aber nicht einen einzigen brauchbaren Hinweis gegeben. Bony fühlte, daß auch der Viehzüchter von dieser Mauer wußte und durchaus nichts dazutun wollte, sie niederzureißen.

Die letzten Geschehnisse hatten Brentner zögern lassen, nach Hall's Creek zu fahren. Sollte dieses Zögern vielleicht einen anderen Grund haben als das verschwundene Pferd?

Bony war zufrieden, daß die Brentners und Old Ted für ein bis zwei Tage verreisen würden. In dieser Zeit konnte er weiterhin Gup-Gup und Captain die Hölle heiß machen, konnte Tessa aushorchen und sich mit Jim Scolloti unterhalten. Während der Abwesenheit der Brentners mochte die Mauer vielleicht weniger unüberwindlich sein. Auch hier galt der Wahlspruch Ludwigs XI.: Teile und herrsche!

»Wie ich sehe, sitzen Sie hier und träumen mit offenen Augen.« Old Ted war zur Tür hereingekommen. »Ich würde gern mal mit Ihnen sprechen. Okay?«

»Gewiß, warum nicht?«

Der junge Mann mit dem roten Bart wirkte bekümmert. Er

setzte sich an den Tisch und drehte sich eine Zigarette. Dabei las er, ohne es eigentlich zu wollen, die Anschrift auf Bonys Brief, dann zündete er sich die Zigarette an.

»Der Boß hat mir gerade verkündet, daß ich morgen früh mit nach Hall's Creek fahren soll«, begann er. »Ich sagte ihm, daß ich gar nicht scharf darauf bin, während Col gern mitfahren würde. Der Boß meinte, er habe Arbeit für Col, und ich könnte bei dieser Versammlung nützliche Erfahrungen sammeln. Sie kommen nicht mit?«

»Ich bin schließlich Polizeibeamter und kein Viehzüchter.«

»Richtig.« Old Ted seufzte und stieß den Rauch aus. »Wir sprechen am besten leise. Draußen könnte jemand lauschen. Ich konnte Sie durch die Graswand gut sehen. Also, Sie haben die Leute hier ganz schön auf Trab gebracht. Wissen Sie eigentlich, daß Sie überwacht werden?«

»Erklären Sie das mal näher.«

»An dem Morgen, an dem Sie am Bach spazierengingen, sah ich, wie Captain mit einer Lubra sprach. Sie ging ebenfalls am Bach entlang, Ihrer Spur nach. Und dieses Märchen über Lawrence und Wandin ist doch nur eine dumme Ausrede. Ich sah Lawrence an dem fraglichen Nachmittag. Ich stand oben auf dem Gerüst des Tanks und prüfte den Wasserstand, da konnte ich ihn im Camp sehen.«

»Tatsächlich! Warum haben Sie das nicht gesagt, als Captain ihn mit der Lubra hierherbrachte?«

»Captain soll sich richtig selbst den Strick drehen, mit dem er gehängt wird.«

Bony schwieg, und auch Old Ted ließ eine volle Minute verstreichen, bevor er weitersprach.

»Sie wußten ja am nächsten Morgen Bescheid, daß alles erlogen war, als Sie sich im Garten die Fußspuren ansahen und mit denen von Eddy's Well verglichen. Aber vielleicht kann ich Ihnen einen Wink geben; denn ich habe mich selbst mit Spurenlesen beschäftigt. Man schnüffelt mir nicht umsonst nach, genausowenig wie Ihnen. Und hinter der ganzen Schnüffelei steckt Captain.«

»Sie mögen ihn nicht?«

»Nein, ganz bestimmt nicht«, gab Old Ted unumwunden zu. »Der Boß hält große Stücke von ihm. Wenn er der Ansicht wäre, daß Col und ich es schlucken, würde er Captain glatt zu seinem Stellvertreter machen. Aber ich kann ihn aus verschiedenen Gründen nicht leiden.« Ted verfiel in mürrisches Schweigen.

»Da sind Sie nicht der einzige«, meinte Bony. »Young Col kann nämlich Captain ebenfalls nicht leiden.«

»Nun hören Sie. Ich sitze in der Patsche, weil ich mit dem Boß nach Hall's Creek fahren soll. Und jetzt muß ich Ihnen etwas sagen, was mir nicht gerade zur Ehre gereicht. Vor einigen Wochen hatte ich eine Prügelei mit Captain, und da hat er mich ganz schön zusammengeschlagen. Ich kann mich zwar durchaus meiner Haut wehren, aber er legte mich glatt um. Und das gefiel mir natürlich gar nicht. Es ist schon schlimm genug, von einem Weißen zu Boden geschickt zu werden. Diese Prügelei kam aber nicht von ungefähr, und ich verrate Ihnen nur, daß es sich um Tessa gehandelt hat. Ich bin seit Jahren in Tessa verliebt, und ich würde sie jederzeit heiraten. Sie ist ein prima Mädel, müssen Sie wissen.«

Wieder verfiel er in trübsinniges Schweigen.

»Erzählen Sie doch mal, wie alles begann«, bat Bony schließlich.

»Ach, es begann schon, bevor der Tote im Krater gefunden wurde. Es kam schon einmal beinahe zum Klappen, als wir im April von der Viehmusterung zurückkamen. Da hörte ich, daß der Stamm in den Busch ziehen wolle und Captain und Tessa mitgehen würden. Dann kam Tessa mit Captain zurück, ihr Kleid war zerrissen. Sie hat mir erzählt, was geschehen war.«

»Und was war geschehen!?«

»Tessa erzählte mir, daß sie sich unterwegs überlegt habe, was sie eigentlich Brentners alles verdanke. Da verließ sie ihren Stamm wieder, und auf dem Heimweg lauerte ihr Captain auf und versuchte, sich an ihr zu vergreifen. Sie mußte sich mit allen Kräften wehren. Ich hätte Captain damals am liebsten umgebracht. Zwei Tage danach gingen wir alle zum Krater, um noch

122

einmal nach Spuren zu suchen. Da merkte ich zum erstenmal, daß ich beschattet wurde. Ich sagte es Young Col, und er paßte nun auf und fand heraus, daß wir beide beschattet wurden. Warum? Ich könnte es verstehen, daß man mich hier auf der Farm wegen Tessa beobachtete. Aber Young Col? Da kann es doch nur einen Grund geben: Man wollte wissen, was wir über dieses Verbrechen herausfinden.«

»Erinnern Sie sich noch, wo Sie sich befanden, als Sie zum erstenmal merkten, unter Beobachtung zu stehen?« fragte Bony, und Old Ted überlegte. »War es im Krater bei dem Einschnitt im Geröllwall?«

»Ja, richtig. Aber zum Teufel, woher können Sie das wissen? Ich kann mich entsinnen, daß ich mich mit Young Col darüber unterhielt, dies sei wohl die gegebene Stelle, eine Leiche hinüber-zutransportieren. Da stand plötzlich Captain hinter uns. Ist die Stelle denn so wichtig?«

»Kaum. Und was geschah dann? Was hat Captain zu Ihrer Theorie gesagt?«

»Nichts. Er sah, daß wir ihn entdeckt hatten und suchte weiter nach Spuren. Aber kurz danach lungerte ein anderer Schwarzer hinter uns herum. Wir hatten allerdings nicht weiter diskutiert, sondern die ganze Geschichte sehr bald vergessen.«

»Könnte Captain in diesem Augenblick nicht ganz zufällig hinter Ihnen gewesen sein?«

»Ich will Ihnen sagen, warum es kein Zufall war. Wir sahen nämlich, daß auch der Boß und Mr. Leroy überwacht wurden. Howard hatte ja die ganze Zeit einen seiner eigenen Tracker bei sich.«

»Aber warum sollte man alle Weißen beschatten?« fragte Bony. »Es waren doch schon einige Tage vergangen, nachdem Howard und seine Tracker die ersten Ermittlungen angestellt hatten.«

»Aber Captain war stets dabei«, erwiderte Ted. »Nein, ich weiß nicht, warum – aber es beweist eins: Captain hat größtes Interesse, was über das Verbrechen herausgefunden wird.«

»Möglich. Und was gibt es noch?«

»Nun, seit diesem Tage wurde ich jeden Morgen hier auf der Farm beschattet. Vielleicht, um herauszufinden, ob ich in der Nacht Tessa einen Besuch abgestattet hatte. Ich weiß es nicht. Fest steht nur, daß man jeden Morgen meine Spuren überprüft. Mehr als einmal habe ich um Mitternacht mein Zimmer verlassen und bin außerhalb des Gartens spazierengegangen und zu einer Stelle des Zaunes zurückgekehrt, die ich mir genau einprägte. Am nächsten Morgen konnte ich dann prompt beobachten, wie eine Lubra meinen Spuren folgte. Dafür kann ich mir den Grund denken, aber ich weiß nicht, warum man alle Weißen im Krater beschattet hat.«

»Hm! Recht interessant, Ted.«

»Dachte ich mir.« Old Ted sah Bony mit einem flehenden Ausdruck an. »Und nun habe ich eine Bitte. Sie bleiben doch hier. Würden Sie mir einen Gefallen tun?« Bony nickte. »Würden Sie auf Tessa aufpassen?«

»Das werde ich auf jeden Fall. Macht es Ihnen etwas aus, mir zu verraten, wie Tessa auf Ihren Heiratsantrag reagiert hat?«

»Nein, durchaus nicht. Ich sagte ihr, daß ich sie liebe und sie heiraten möchte. Sie erwiderte, sie würde niemals einen Weißen heiraten, weil dies Mrs. Brentner nicht haben wolle. Dann packte sie mich am Bart, zog meinen Kopf zu sich herunter, drückte mir einen Kuß auf die Lippen und lief davon.«

Bony unterdrückte einen Seufzer. Er wußte, daß dieser Mann jeden Rat zurückweisen würde, und außerdem – welchen Rat konnte er ihm schon geben? Die Zeit mußte heilen, aber zuvor konnte es am Deep Creek leicht noch einen weiteren Mord geben.

»Überlassen Sie Captain nur mir«, sagte Bony. »Und machen Sie sich um Tessa keine Sorgen. Ich habe den Eindruck, daß sie sehr gut selbst auf sich aufpassen kann. Sie ist erwachsener, als Sie glauben. Und nun fahren Sie ganz beruhigt nach Hall's Creek.«

Sie standen auf, und Old Ted grinste.

»Da wäre noch etwas, und vielleicht können Sie sogar daraus klug werden«, sagte er, und Bony setzte sich wieder. »Ich ritt einmal auf der Autospur von Paradise Rocks nach Hause, als ich an zwei Stangen vorbeikam. Ein etwas seltsamer Ort, um sie dort liegenzulassen. Was sollte aber jemand mit zwei Stangen draußen in der Wüste anfangen? Zum Zeltbau hätte man mindestens ein halbes Dutzend gebraucht.«

»Wie lang waren diese Stangen denn? Wie lang und wie dick?«

»Ach, ich möchte sagen, ungefähr zwei bis zweieinhalb Meter lang. Frisch geschnittenes Jungholz, und sehr gerade.«

Bony öffnete seinen Schreibblock und skizzierte rasch einen Lageplan mit der Farm, dem Krater und dem Bach.

»Zeichnen Sie doch einmal den Pfad von der Farm nach den Paradise Rocks ein, und markieren Sie die Stelle, an der Sie die Stangen gesehen haben. Und schreiben Sie das Datum dazu.« Er sah zu, wie Ted von der Farm aus nach Südosten eine gepunktete Linie zog, die den Krater im Süden passierte. Old Ted überlegte einige Sekunden lang, dann zeichnete er ein kleines Kreuz ein. »Gut, und nun das Datum.«

»Lassen Sie mich nachdenken! Es war der Tag, an dem ich aus Beaudesert zurückkam, wo ich Vieh abgeliefert hatte. Richtig, es war der vierundzwanzigste April. Am Fünfundzwanzigsten hatten wir alle frei; denn da war Heldengedenktag. Halten Sie das für so wichtig?«

»Vielleicht«, erwiderte Bony. »Und wann haben Sie entdeckt, daß die Stangen wieder verschwunden waren?«

»Zwei Wochen später. Ich ritt diesen Pfad entlang, um zu sehen, ob sich südlich vom Krater Vieh befand.«

Old Ted wartete gespannt auf die nächste Frage. Er sollte sich noch einmal die Skizze anschauen und die Fundstelle der Stangen so genau wie möglich einzeichnen, meinte Bony. Notfalls möge er das Kreuz ruhig verändern.

»Nein, es ist schon so richtig, wie ich es eingezeichnet habe«, sagte Old Ted, und Bony nickte zufrieden.

»Sie sagten, daß Sie die Stangen an dem Tag gesehen haben, an dem Sie aus Beaudesert zurückkamen, Ted. Aber da würden Sie doch nördlich und nicht südlich am Krater vorbeikommen.«

»Stimmt. Ich schickte die Schwarzen auch am Bach entlang nach Hause. Ich aber ritt fünf Meilen südlich vom Krater vorbei, um nachzuschauen, ob sich vielleicht auf einem schmalen Streifen Weideland Vieh befand. Der Boß hatte mich darum gebeten.«

»Einer dieser merkwürdigen Zufälle. Darüber freut sich der Kriminalist jedesmal, Ted. Oft ist so ein Zufall eine große Hilfe. Können Sie sich erinnern, ob die Stangen mit einer Säge oder mit einer Axt geschnitten waren?«

»Ja, das weiß ich genau. Sie waren an beiden Enden abgesägt. Und das Seltsame daran war, daß sie ganz frisch geschnitten waren, und doch war in der Nähe weder die Spur eines Wagens noch eines Pferdes oder eines Menschen zu sehen.«

»Sie haben mit niemandem darüber gesprochen?«

»Nein«, erwiderte Ted. »Ich habe versucht, selbst hinter des Rätsels Lösung zu kommen, aber es ist mir nicht gelungen.«

»Hm. Sagen Sie, haben Sie mal gesehen, daß jemand einen Talisman trug – einen kleinen Elfenbeinbuddha?«

Old Ted schüttelte bedächtig den Kopf. »Ich habe mal einen Buddha als Tätowierung auf der Brust eines Mannes gesehen. Aber das ist schon 'ne ganze Zeit her.«

»Wo und wann war das?«

»Ich erinnere mich noch gut daran. Es war in Hall's Creek. Da kam eine Gruppe indonesischer Studenten, die nach Darwin weiterreiste. Sie blieben über Nacht im Gasthaus. Sie wissen ja, der übliche gemeinsame Waschraum hinten im Hof. Der Bursche rasierte sich direkt neben mir. Der Buddha war hellblau auf seine Brust tätowiert. Jetzt erinnere ich mich wieder daran, wo Sie mich danach fragen. Er war ungefähr fünf mal sieben Zentimeter groß.«

Bony tat so, als sei die Sache nicht weiter wichtig, fragte aber nach dem ungefähren Datum.

»Lassen Sie mich nachdenken. Es war Juni oder Juli vergangenen Jahres. Ja, im Juni. Nützt Ihnen das etwas?«

»Wohl kaum«, meinte Bony, und nachdem er sich von Ted hatte versprechen lassen, niemandem etwas von ihrer Unterhaltung zu erzählen, gingen sie auf ihre Zimmer.

18

Ein Fremder mochte den Eindruck haben, daß die Brentners eine Weltreise antreten wollten. Vor dem Gartentor hantierte Young Col an dem großen Wagen, während Old Ted das Gepäck im Kofferraum verstaute. Hinter dem Gartentor hielt Jim Scolloti Mr. Lamb am Halsband fest, und die beiden Kinder verabschiedeten sich lärmend vom Koch und dem Schaf. Bei den Außengebäuden hatten sich die Eingeborenen versammelt, um die Abfahrt zu beobachten. Sogar Gup-Gup war erschienen. Sie befanden sich in gehobener Stimmung, weil Brentner Young Col angewiesen hatte, die Tabakration auszuteilen.

Als der Wagen losfuhr und an der Furt den Bach durchquerte, winkten die Frauen und Kinder, und von der Pferdekoppel herüber rief Captain einen Abschiedsgruß hinterher. Der Koch verschwand in seiner Küche und nahm Mr. Lamb mit, um ihn mit einer Tabakportion zu belohnen.

»Tut es Ihnen leid, daß Sie nicht mitfahren können, Col?« fragte Tessa, und Bony bemerkte, wie ihre Augen schelmisch aufblitzten. »Machen Sie sich nichts draus. Ich werde schon auf Sie und Bony gut aufpassen.«

Young Col warf mit einem Ruck das blonde Haar aus der Stirn und tat so, als wolle er mit seinen ölverschmierten Händen nach dem Mädchen greifen. Offensichtlich war er durchaus nicht enttäuscht, zurückbleiben zu müssen.

»So, du willst also auf uns aufpassen, Tessa«, sagte er. »Jetzt bin ich der Boß vom Deep Creek. Also himmle mich nicht so an aus deinen Opalaugen und wackle nicht immer mit deinen Hüften. Bony ist ein treuer Ehemann, und ich bin ein eingefleischter Weiberfeind. Also versuche es erst gar nicht bei uns. Und jetzt werde ich die Station auf Schwung bringen. Wir sehen uns dann um zehn bei der Zigarettenpause.«

Bony und das Mädchen blickten Col nach, der zum Lagerschuppen hinüberging, und Bony sagte, er hätte sich gern einmal Tessas Sagenbuch angeschaut.

Während der nächsten Stunde saßen sie auf der Veranda. Das Mädchen nähte, und Bony las das in einer schönen Handschrift geschriebene Heft. Als er es niederlegte, war er erstaunt über Tessas literarische Fähigkeiten.

»Ich glaube, Tessa, Sie werden Ihren Weg machen. Sie versetzen mich immer aufs neue in Erstaunen«, meinte er schließlich.

»Vielen Dank, aber es fällt mir leicht. Glauben Sie, daß falsche Sagen darunter sind?«

»Ja. Ich bezweifle, daß zwei echt sind. Sie kommen mir deshalb unecht vor, weil die wahren Eingeborenensagen niemals die Zukunft voraussagen, sondern sich nur mit der Vergangenheit beschäftigen. Deshalb ist die Sage, die das Kommen des weißen Mannes und später des braunen Mannes voraussagt, offensichtlich nicht echt. Wo haben Sie diese Sage gehört?«

Tessa blickte Bony irritiert an. Er sah, daß sie ehrlich bemüht war, sich zu erinnern.

»Ich glaube, es war im Camp«, sagte sie. »Vor längerer Zeit. Kurz, nachdem ich begonnen hatte, die Sagen in diesem Heft aufzuzeichnen, und das ist jetzt zwei Jahre her. Und was ist die zweite, die Sie nicht für echt halten?«

»Die Sie zuletzt aufgeschrieben haben.« Bony lächelte, und seine blauen Augen blitzten amüsiert auf. »Die Sage von der alten Lubra und den Kindern, die das Fleisch in dem Baobab gefunden haben. Sehen Sie, diese Sage habe ich erfunden.«

»Tatsächlich! Und ich hielt sie wirklich für gut.« Tessa lachte unbefangen. »Dann werde ich also vorsichtig sein müssen. Sie sind mir ein stilles Wasser, Inspektor Bonaparte.«

»Es fällt mir leicht«, äffte er sie nach. »Aber ganz im Ernst. Letzte Nacht habe ich mir einige Sagen notiert, von denen ich überzeugt bin, daß sie echt sind. Ich muß sie Ihnen erzählen, bevor ich wieder abreise. Darf ich offen mit Ihnen sprechen? Sie werden sich erinnern, daß wir ein gemeinsames Geheimnis besitzen, nämlich unseren Stolz, der uns davon abhält, zu unserem Stamm zurückzukehren. Erinnern Sie sich? Und Sie haben so viel Grund zu diesem Stolz, daß ich gern auf etwas hinweisen möchte, was für Sie von Schaden sein könnte. Darf ich?«

In ihren dunklen großen Augen leuchtete Intelligenz, und doch war er sich bewußt, daß er seine Worte sehr sorgfältig wählen mußte, wenn er verhindern wollte, daß sich das Mädchen vor ihm wie eine Auster verschloß.

»All right«, sagte sie schließlich.

»Zunächst darf ich auf etwas hinweisen. Seit neun Jahren – glaube ich – sind Sie von Ihren Leuten weg und haben Rose Brentners Liebe und den Schutz von Kurt Brentner verspürt. Sie sind nun achtzehn und eine junge Frau. Ich nehme an, daß keiner der jungen Männer im Camp Sie interessiert. Sie haben nur an Ihre Bildung gedacht. Sie haben sich vorgenommen, Lehrerin zu werden, weil Sie dies selbst wollen und weil Sie wissen, daß Rose es gern haben möchte. Ich sehe Sie ganz so wie Rose, aber es gibt andere, die Sie nicht mit unseren Augen sehen. Ich habe hier eine Situation vorgefunden, die zu einer Explosion führen könnte, in die Sie selbst mit verwickelt würden. Da war doch diese Schlägerei zwischen Old Ted und Captain. Da ist Young Col, der sich Sorgen macht um Old Ted. Captain und Old Ted sind wie zwei Pulverfässer, und Sie selbst sind das Zündholz, das sie in die Luft jagen kann. Aber Sie selbst würden mit in die Luft fliegen. Ich war es, der darauf bestand, daß die Brentners Old Ted mitgenommen haben.«

In ihrem Gesicht stritten Erstaunen, Erschrecken und Mißmut, doch dann blickte sie ihn flehend an.

»Ich bin weit davon entfernt, Ihnen einen Vorwurf zu machen«, fuhr er fort. »Aber ich bin überzeugt, daß Sie sich der drohenden Gefahr überhaupt nicht bewußt sind, weil Sie wie in einem Glashaus aufgewachsen sind. Bestimmt wissen die jungen Mädchen im Camp mehr über die Liebe als Sie. In dieser Hinsicht befinden Sie sich in einem großen Nachteil. Ich verstehe nur zu gut, von welchen Barrieren Sie umgeben sind, und die ganze Angelegenheit geht mich an sich auch gar nichts weiter an. Darf ich trotzdem weitersprechen?«

Sie starrte hinüber zu den Bäumen am Bach, dann nickte sie. Bony hielt jetzt den Augenblick für gekommen, ein wenig deutlicher zu werden.

»Wahrscheinlich ist Ihnen nicht bekannt, daß nach der Schlä-

gerei Old Ted sein Gewehr geladen hat, und daß es nur Young
Col zu verdanken ist, wenn Ted Captain nicht niedergeschossen
hat. Überlegen Sie mal, was geworden wäre, wenn er Captain
erschossen hätte. Auch Sie wären damit erledigt gewesen. Sehen
Sie, auf der ganzen Welt wackeln die Mädchen mit den Hüften,
und nur selten führt so ein kleiner Flirt ins Verderben. Aber hier
können Sie das nicht tun, ohne Ihre eigene Vernichtung herauf-
zubeschwören. So, wie ich physisch zwischen zwei Rassen stehe,
so stehen Sie geistig zwischen zwei Rassen. Und nun sagen Sie
mir einmal ganz offen: Lieben Sie Old Ted?«

»Ich mag ihn ganz gern. Aber ich glaube nicht, daß ich ihn
liebe«, gab sie offen zu und starrte immer noch zu den Bäumen
hinüber. »Er fragte mich schon zweimal, ob ich ihn heiraten
möchte. Doch ich glaube nicht, daß ich das kann. Rose würde es
mir nie verzeihen. Aber ich will auch Captain nicht heiraten.«
Tränen traten ihr in die Augen, als sie Bony wieder anblickte.
»Ich möchte überhaupt nicht heiraten. Ich möchte so weiterle-
ben wie jetzt, aber nicht irgendeine Lubra in einer schäbigen Ein-
geborenenhütte sein. Ich – ich wackle mit den Hüften, sagt Col,
aber doch nur zum Scherz. Das hat überhaupt nichts zu bedeuten. Sie haben soviel Verständnis, da müßten Sie doch auch
verstehen, wie verwirrt ich manchmal bin. Es gibt eben Dinge,
die ich nicht mit Rose Brentner besprechen kann.«

»Weil sie es nicht verstehen würde. Das weiß ich, Tessa. Keine
weiße Frau würde so etwas verstehen. Aber was würden Sie
davon halten, wenn Ihnen Opa einen Rat gibt?«

Über ihr Gesicht glitt ein Lächeln, und Bony wurde an eine
Sanddüne erinnert, die aus dem Schatten einer Wolke plötzlich
wieder ins Sonnenlicht taucht.

»Sehen Sie zu, daß Ihr Stolz noch größer wird. Denken Sie
immer daran, daß Sie Tessa sind. Sie gehören niemandem, außer
sich selbst. Sie sind eine Eingeborene, aber Sie gehören keinem
Eingeborenen. Sie gehören niemandem, auch nicht Rose Brentner, der Sie so viel verdanken. Machen Sie sich das immer wieder
klar, dann wird auch Ihre Verwirrung wie weggeblasen sein.
Darf Ihnen Opa noch einen Rat geben?«

Sie nickte.

»Schön, dann vergessen Sie nie, daß Sie manchmal zwei widerstrebende Interessen zu verfolgen haben. Sie möchten Ihren eigenen Leuten die Treue halten, aber auch den Brentners. Leider kann man aber manchmal nicht gleichzeitig beiden treu sein. Vorgestern abend spürten Sie zum Beispiel, daß Sie sich Ihren Leuten gegenüber bei dieser Geschichte mit Lawrence und Wandin loyal verhalten mußten. Und dann merkten Sie plötzlich, daß Sie damit den Brentners gegenüber untreu geworden waren. Treue ist ein Problem, das weiß ich. Da gibt es nur eine Lösung: Sie müssen lernen, nur Tessa zu sein, und Tessa entscheidet so, wie sie es für richtig hält. Und was die Männer anbelangt, so werden Sie schon merken, wenn der Richtige kommt. Und dann müssen Sie selbst die Entscheidung treffen, ohne auf andere Rücksicht zu nehmen.«

Bony stand auf und reichte ihr das Sagenbuch. »Inzwischen muß ich mir mein Gehalt verdienen und drüben im Büro arbeiten. Ich möchte Ihnen noch eine Frage stellen, die Sie mir aber nicht zu beantworten brauchen. Als Sie von dieser Buschwanderung zurückkamen, haben Sie da Old Ted erzählt, daß Captain Ihnen aufgelauert hat und Sie vergewaltigen wollte?«

»Ja, das habe ich. Aber das hat Captain gar nicht getan. Ich habe das Old Ted nur erzählt, um mich dafür zu rächen, daß er mir immer auf den Allerwertesten klopft. Es hat mir stets leid getan, daß ich ihm dieses Märchen erzählt habe. Und nun danke ich Ihnen, daß Sie so offen mit mir gesprochen haben. Ich glaube, ich bin jetzt etwas erwachsener geworden. Und das ist ja wohl auch gut so, oder?«

Eigentlich schade, daß sie nun erwachsen wird, dachte Bony und ging hinüber ins Büro. Als ihn Tessa eine halbe Stunde später zum Tee rief, war er gerade dabei, die Tagebücher der Viehstation durchzusehen. Young Col saß bereits im Taghaus und begrüßte den Inspektor auf seine gewohnt spöttische Art.

»Sie müssen ja schrecklich erschöpft sein, Bony«, meinte er. »Tessa erzählte mir, daß Sie im Büro arbeiten. Und ich habe immer gedacht, daß Kriminalbeamte überhaupt nicht arbeiten, sondern nur spazierengehen und den Verbrechern Handschellen anlegen.«

»Wenn wir gerade einmal keine Verbrecher verhaften, müssen wir ja irgendwie die Zeit totschlagen. Ich habe die alten Tagebücher durchgesehen, die Leroy noch geführt hat. In den Anfangsjahren muß es hier ziemlich hart gewesen sein. Zwei Einträge betreffen einen Mann namens Wilcha. Haben Sie mal von ihm gehört?«

Col schüttelte den Kopf.

»Das war der Häuptling der Wilden«, gab Tessa Auskunft. »Er ist gestorben. Der gegenwärtige Häuptling heißt Maundin.«

»Sehr gut, Tessa!« sagte Col und nahm sich noch eins von Scollotis Marmeladetörtchen.

»Haben Sie Maundin einmal gesehen?« fragte Bony Tessa, und sie nickte.

»Er hat vor einigen Monaten einmal Gup-Gup besucht. Aber er sieht gar nicht so wild aus.« Das Mädchen kicherte. »Er trug ein langes blaues Hemd, aber keine Hose. Es muß ein Friedensbesuch gewesen sein; denn er hatte zwei Lubras dabei. Aber die trugen nicht einmal ein Hemd. Es waren schreckliche Weiber.«

»Der Besuch war also ganz friedlich?«

»Ja, ich denke schon. Sie blieben zwei Tage, und als sie wieder aufbrachen, haben Gup-Gup, Poppa und Captain sie begleitet.«

»Und wie lange blieben Gup-Gup, Poppa und Captain weg?« fragte Bony.

»Ich weiß nicht, wie lange Gup-Gup und Poppa weggeblieben sind, aber Captain war am nächsten Nachmittag wieder zurück.«

»Dann gibt es also zwischen Ihrem Stamm und den Wilden ab und zu eine Verbrüderungsfeier?« sagte Bony betont gleichgültig. »Ich glaube, Sie erzählten mir einmal von den Paradise Rocks, Col. Ist dort das Hauptlager der Wilden?«

Young Col glaubte es nicht, und Tessa bestätigte seine Ansicht.

»Ich war einmal mit Kurt dort«, fügte sie hinzu. »Man steht ganz plötzlich davor. Es geht über eine langsam ansteigende Ebene, und auf einmal ist man bei den Felsen, und ringsherum stehen Akazien. Aus dem Boden sprudelt Wasser, das allerdings nach einer kurzen Strecke wieder versickert. Die Schwarzen haben um das Wasserloch große Steine aufgeschichtet, um es vor den Büffeln und dem Vieh zu schützen. Die Akazien standen damals gerade in voller Blüte.«

Die Augen des Mädchens glänzten. Mit lebhaften Gesten beschrieb sie die Paradise Rocks und das sprudelnde Wasser mitten im Herzen der Wüste. Tessa trug eine weiße Bluse, einen weißen Rock und weiße Schuhe. Eine mit Brillanten besetzte Brosche hielt die Bluse geschlossen, und an der linken Hand trug sie einen in Gold gefaßten Mondstein.

Dieses Bild nahm Bony mit hinüber ins Büro, und dort fragte er sich, was nun Rose Brentner bei dieser Eingeborenen eigentlich wirklich erreicht hatte. Das Mädchen trug ihre Kleidung mit der gleichen ungekünstelten Grazie wie Rose. Auch ihre Stimme ähnelte der von Rose Brentner – sie war klar und akzentfrei.

Dieses Mädchen stammte vom Deep Creek, und sie gehörte zur Farm, während man bei Rose Brentner dieses Gefühl nicht immer hatte. Bony hielt es für möglich, daß Rose gar nicht wußte, was sie diesem Eingeborenenmädchen angetan hatte. Sie hatte sie bisher nicht aufgeklärt, sondern sich ganz auf die isolierte Lage der Farm verlassen und durch ihre Obhut dafür gesorgt, daß es zu keinen männlichen Annäherungen kam. Auf diese Weise war Tessas Erziehung sehr einseitig gewesen. Je eher Tessa also aufs College kam, um so besser.

Doch Bony mußte arbeiten. Tessa hatte ihm den Namen des Häuptlings der Wilden genannt, und sie hatte erzählt, daß er mit seinen Lubras Gup-Gup besucht hatte und zwei Tage geblieben war. Bei seinem Weggang hatten ihn Gup-Gup, Poppa und Captain begleitet. Irgendwann im März, im Monat vor dem Mord an dem Weißen, sei es gewesen. Die beiden Stämme gehörten demselben Volk an, und sie hatten schon lange Kontakt miteinander, wie ja auch der Vertrag bewies, der zwischen den Wilden und Leroy und später mit Brentner abgeschlossen worden war. Ein Besuch war deshalb nicht ungewöhnlich.

Wichtig war vielleicht, daß bei Maundins Abreise der hiesige

Häuptling, sein Medizinmann und Captain den Häuptling der Wilden und seine Lubras begleitet hatten. Wohin und warum? Besonders, was Captain betraf.

Bony hatte ganz bewußt Tessa nicht weiter ausgefragt. Er wollte vermeiden, daß sie womöglich wegen der Loyalität ihren eigenen Leuten gegenüber in Konflikt geriet. Er hielt es außerdem für unfair, da er dieselben Auskünfte auch aus anderen Quellen erhalten konnte. Zum Beispiel aus Kurt Brentners Arbeitstagebüchern. Das derzeitige lag oben auf dem Schreibtisch.

Bony begann am ersten März. Er kam bis zum 31. März, ohne etwas von Captains Abwesenheit gelesen zu haben. Vielleicht hatte Tessa sich im Monat geirrt? Er sah noch die Notizen vom Februar durch, und dann begann er am 1. April. Aha! Das Mädchen hatte sich geirrt. Unter dem 19. April hatte Kurt Brentner geschrieben:

»Captain berichtet, daß Häuptling Maundin im Camp, und bittet um Tabak. Ich gebe ihm zwei Pfund Preßtabak, um den wilden Burschen bei guter Laune zu halten.«

Bony erinnerte sich, Brentner gefragt zu haben, ob sich in dieser Zeit irgend etwas Ungewöhnliches ereignet hätte. Offensichtlich war der Besuch von Maundin durchaus nicht so ungewöhnlich, denn eine kurze Notiz im Tagebuch hatte genügt.

19

Bony blätterte nun in Brentners Tagebüchern immer weiter zurück. Die Eintragungen waren sehr kurz, meist stichwortartig, und bezogen sich oft auf Ereignisse des Vortags. Schließlich gelangte Bony zu einem Eintrag, der im vergangenen August gemacht worden war.

»Captain berichtete gestern, daß zwei fremde Abos von der Küste das Camp besucht und vor Sonnenuntergang wieder verlassen hätten. Captain hatte im Gesicht Spuren einer Schlägerei, weigerte sich aber, irgend etwas zu sagen, außer – ich zitiere wörtlich: Ich lasse unseren Stamm nicht von hergelaufenen fremden Lumpen aufwiegeln.

Ich besuchte das Camp und fand alles ruhig. Sinnlos, Captain ins Kreuzverhör zu nehmen. Außerdem will ich mich nicht in die Angelegenheiten der Schwarzen einmischen.«

Bony blätterte noch ein weiteres Jahr durch und konnte sich schließlich ein gutes Bild über die Verhältnisse auf der Farm machen. Er grübelte gerade über den Eintrag nach, der den Besuch der beiden fremden Abos betraf, als Scolloti auf seinem Triangel zum Lunch läutete. Nach dem Lunch beobachtete er, wie Tessa in Richtung zum Camp verschwand, und er suchte Young Col auf. Es war gerade zwei Uhr.

»Ich brauche Ihre Hilfe, Col. Ich habe gesehen, daß der Funkapparat sehr modern ist, und da werde ich vielleicht nicht gleich zu Rande kommen. Ich muß unbedingt Howard sprechen.«

»All right, ich zeige es Ihnen.«

Nachdem sich die Röhren angewärmt hatten, drehte Young Col an einem Schalter, und man vernahm die Stimme eines Mannes, der jemandem Ratschläge erteilte, wie man ein verbrühtes Kind zu behandeln hätte.

»Unser Doktor«, meinte Col. »Lassen wir ihn erst mal zu Ende reden.«

»Ich möchte mit Howard sprechen, bevor Tessa aus dem Camp zurückkommt. Drosseln Sie die Lautstärke, damit Scolloti und Captain nichts hören können.« Young Col runzelte verdutzt die Stirn. »Wo befindet sich der Doktor eigentlich?«

»In Base. Ich werde mich sofort einschalten, sobald er fertig ist, bevor sich jemand anderes meldet.« Als der Doktor Schluß machte, meldete sich sofort Young Col.

»Deep Creek ruft Polizeistation Hall's Creek. Oberwachtmeister Howard, bitte melden. Ende.«

Eine Frauenstimme meldete sich. »Wachtmeister Howard ist dienstlich unterwegs. Kann ich etwas ausrichten? Sind Sie es, Young Col?«

»Ganz richtig, ich bin es, Süße. Moment.« Und dann las Col eine eigene Version der Nachricht vor, die Bony rasch auf den Notizblock schrieb. »Fragen Sie Ihren Alten, ob in den Häfen irgendwas Ungewöhnliches geschehen ist. Ungefähr heute vor einem Jahr. Melden Sie dies an Deep Creek um fünf heute nachmittag. Das wäre alles. Und Gott mit Ihnen, mein Kind. Ende.«

»Morgen abend ist hier großer Ball. Im übrigen bin ich nicht Ihr Kind, Sie sind ja selbst noch eins. Aber ich habe alles notiert.«

»Macht endlich Schluß, Kinder«, mischte sich der Doktor ein. »Sind Sie auf Empfang, Kemsley Downs?«

Young Col schaltete ab und wandte sich an Bony, der ihn auf die Veranda bat.

»Ich hätte für Sie einen kleinen Auftrag, ungefähr um fünf heute nachmittag«, sagte Bony. »Ich möchte, daß Sie die Antwort von Howard aufnehmen, aber dabei so leise wie möglich sprechen. Ich werde aufpassen, ob jemand zu lauschen versucht. Sobald Sie die Antwort von Howard haben, rufen Sie Mrs. Leroy. Sie wird bereits warten. Ich habe sie gebeten, mir verschiedene Fragen zu beantworten, und zwar lediglich mit ja oder nein. Sie wird also sagen, daß sie den Brief erhalten hat, und dann lediglich die Nummer der Frage und ja oder nein. Verstanden?« Col nickte. »Schreiben Sie diese Antworten genau auf. Klar?«

»Wie Kloßbrühe.« Young Col grinste. »Dann bin ich also Ihr Doktor Watson?«

»Gewiß, aber da müssen Sie auch schweigen wie das Grab! Die Wände haben hier Ohren. Wir sehen uns dann beim Nachmittagstee. Inzwischen muß ich weiter Detektiv spielen.«

Der Koch war gerade bei der Siesta, und Bony zahlte Mr. Lamb seinen Zigarettenzoll. Scolloti las eine zehn Tage alte Sportzeitung und grinste Bony und das Schaf an, das seinen Kopf über die Türstufe schob.

»Jim, ich glaube, ich weiß, warum Mr. Lamb in letzter Zeit so schlecht zielt«, sagte Bony und setzte sich auf die Bank neben dem Küchentisch. »Ich glaube, er hat was im Auge.«

»Himmel! Da könnten Sie recht haben, Inspektor. Das würde alles erklären. Dann wollen wir ihn gleich mal anschauen. Können Sie gut mit Schafen umgehen? Ich kenne mich nämlich nur mit Rindvieh aus.«

»Ach, dafür wird es schon reichen.«

»Hm, ich habe nie daran gedacht, daß er was im Auge haben könnte. Ich hole schnell das Schurmesser.«

Er schwang die riesige Schere wie ein Schwert und rief von der Tür auch nach Captain. Der Eingeborene kam sofort, und sein Gesicht zeigte einen besorgten Ausdruck, doch als er hörte, warum er gewünscht wurde, hellte es sich auf. Scolloti gab ihm etwas Tabak, dann fingen die beiden Mr. Lamb, legten ihn auf die Seite, und der Koch kniete sich auf das Schaf. Er hielt den Kopf fest, und Bony machte sich an die Arbeit. Zunächst schnitt er um das entzündete Auge herum die Wolle ab.

»Gut! Nur festhalten, Mr. Lamb hat ziemlich tief unter dem unteren Lid einen Grassamen. Jetzt brauche ich eine Pinzette, einen Lappen und Wasser, um das Auge zu baden.«

»Die Pinzette ist in der Sattlerwerkstatt, Jim«, sagte Captain. »Halten Sie den Kopf fest, Inspektor. Unser Patient ist ziemlich kräftig und hat außerdem schlechte Laune.«

Bony packte den Kopf des Schafes, und der Koch holte die benötigten Sachen. Der Eingeborene lachte, und Bony blickte ihn fragend an.

»Die kleine Rosie hat mir erzählt, daß Mr. Lamb Sie durch die Küchentür gefeuert hat, Inspektor. Dann wissen Sie ja, wie kräftig er ist. Dummerweise vergißt man manchmal, daß er sich in der Nähe befindet. Und wenn man ihn dann hört, ist es zu spät.«

»Ich werde bestimmt nicht mehr vergessen, daß er in der Nähe ist. Mir genügt es, einmal durch die Tür geflogen zu sein.«

Der Koch kehrte mit Pinzette und einem Eimer voll Wasser zurück. Er drückte Mr. Lambs Kopf fest auf den Boden, Bony holte eine Samenhülse unter dem Lid hervor und badete dann das

Auge. Captain riet ihm, den Eimer zu nehmen und schleunigst in die Küche zu verschwinden. Bony machte sich also auf den Weg, und Scolloti hastete hinter ihm her. Als sie in Sicherheit waren, sprang Captain auf und rannte zu seinem Pferch. Mr. Lamb taumelte steifbeinig in die Höhe und ließ den Kopf hängen, als schäme er sich schrecklich. Er wirkte so niedergeschlagen, daß Bony Mitleid bekam und hinausging. Er hielt dem Schaf eine Zigarette unter die Nase, und da vergaß Mr. Lamb auch prompt die ihm zugefügte Schmach. Er unternahm nicht den geringsten Versuch, Bony anzugreifen, als der in die Küche zurückkehrte.

»Wissen Sie, Jim, Captain ist ein seltsamer Mensch«, meinte der Inspektor und drehte sich eine Zigarette. »Er redet wie ein Professor, liest eine Menge, und soviel ich weiß, schreibt er sogar eine Geschichte seines Stammes.«

»Er behauptet immer, er habe eine Mission zu erfüllen, Inspektor. Er müsse zwischen Schwarzen und Weißen als Vermittler fungieren. Das sind seine eigenen Worte. Als ich ihn fragte, wie er auf diese Schnapsidee käme, erwiderte er, Mrs. Leroy habe ihn darauf gebracht.«

»Wundervoll!« sagte Bony. »Wenn man darüber nachdenkt, ist es doch eine schöne Idee. Schade, daß sonst niemand eine derartige Mission übernimmt. Er würde also bestimmt nicht zulassen, daß ein Fremder unter seinem Stamm Unruhe verbreitet, nehme ich an.«

Scolloti zupfte sich an seinem zerzausten Bart, und seine dunklen Augen trübten sich.

»Captain ist klug. Etwas zu klug für meine Begriffe. Manchmal muß man ihn in die Schranken weisen. Sie wissen ja, wie es so geht. Vor nicht allzulanger Zeit hat er Old Ted zusammengeschlagen. Worum es ging, weiß ich allerdings nicht.«

»Sucht er denn Händel?«

»Das kann ich nicht behaupten«, erwiderte der Koch. »Einmal wurde er in eine Schlägerei mit zwei Eingeborenen verwickelt. Es scheint, daß er es mit beiden zugleich aufgenommen hat, aber die haben ihn zusammengeschlagen. Ich hörte es, als sich die Wäschereilubras in der Zigarettenpause darüber unterhielten.«

»Und wann war das?«

»Wann das war?« Scolloti überlegte und stopfte sich die Pfeife. »Lassen Sie mich nachdenken. Es war nicht so trocken. Es muß im letzten Jahr gewesen sein. Interessieren Sie sich dafür?«

»Nicht besonders«, erwiderte Bony, und er war sich klar, daß es hier nur zwei Jahreszeiten gab: Im Winter war es trocken, und im Sommer naß. »Ich habe den Eindruck, daß Captain nicht so schnell zornig wird, sondern lieber lacht.«

»So sind die Schwarzen alle. Aber kommen Sie ihnen in die Quere, dann werden Sie schon sehen, was passiert.«

Scolloti blickte auf die Uhr und meinte, es sei Zeit für die nachmittägliche Zigarettenpause. Bony verließ ihn, um sich die Hände zu waschen. Dann ging er ins Taghaus, um mit Tessa und Young Col Tee zu trinken. Er berichtete gerade Einzelheiten über die Operation an Mr. Lamb, als Captain in der Tür erschien.

»Hallo, Captain, was gibt's denn?« fragte Young Col.

»Nachdem wir nun Mr. Lambs krankes Auge kuriert haben, dachte ich, daß der Inspektor ihn auch gleich noch scheren könnte«, erwiderte der Eingeborene. »Ich habe es zwar sonst immer selbst gemacht, aber ich kann es nicht sehr gut. Es wäre Zeit zur Schur, jetzt wo der Winter fast vorüber ist. Er schleppt eine Menge Wolle mit sich herum.«

»Aber durch die Wolle läuft er auch nicht langsamer«, meinte Bony, und Captain lachte. »Wenn er geschoren ist, wird er noch schneller angerannt kommen. Na schön, ich werde ihn scheren. Bereiten Sie alles vor. Ich hoffe, die Schere ist scharf genug.«

»Ich werde sie gleich schleifen, Inspektor. Danke.«

Durch die Graswand des Taghauses konnten sie sehen, wie Captain zur Sattlerwerkstatt ging. Kurz darauf kam er wieder heraus, setzte sich in die Sonne und spuckte auf den Wetzstein.

»Ich bin froh, daß Sie die Schur übernehmen wollen, Bony«, meinte Tessa, »Captain ist so ein roher Patron. Er schneidet Mr. Lamb oft und läßt dafür an anderen Stellen die Wolle stehen.«

»Wer weiß, ob ich es besser kann«, erwiderte Bony skeptisch.

»Schlechter als Captain kann es überhaupt niemand machen«, versicherte Young Col. Sie sahen, wie Captain mit einem jungen

Eingeborenen sprach, der gleich darauf hinter den Pferchen verschwand. »Jetzt sagt er drüben im Camp Bescheid. Da werden Sie eine Menge Zuschauer bekommen.«

Es dauerte nicht lange, und die Schwarzen erschienen. Sie suchten Deckung, hinter dem Schuppen, hinter den Dattelpalmen und Baikastanien, obwohl Mr. Lamb friedlich wiederkäuend im Gras lag und außerdem der Gartenzaun dazwischen war. Als Captain mit der Schere und einem Arm voller Säcke herüberkam, gingen Bony, Tessa und Young Col hinaus. Mr. Lamb sprang auf und blökte mißtrauisch.

»Sieht aus, als ob wir ihn fangen müßten«, rief Captain aufgeregt. »Er hat die Augenoperation noch nicht vergessen und weiß genau, wofür die Säcke bestimmt sind. Ich schaffe das nie. Pakken Sie ihn, Col.«

»Ich? Kommt nicht in Frage! Das müssen Sie schon machen, Bony.«

»Das ist etwas für einen jungen Mann.« Bony winkte lachend ab.

»Ich werde ihn greifen«, sagte Tessa. »Geben Sie mir eine Zigarette.«

Als sie sich dem riesigen Schaf näherte, wirkte sie wie ein kleines Kind, das ein Pony streicheln möchte. Mr. Lamb ließ sie bis auf fünf Meter herankommen, dann sprang er steifbeinig auf und stampfte auf sie zu. Tessa rief ihm etwas zu und ging mutig weiter. Dabei hielt sie ihm die Zigarette vor das gesunde Auge. Es lag wohl mehr an ihrem mutigen Vorgehen als an der Bestechung, daß Mr. Lamb klein beigab. Sie schob ihm eine halbe Zigarette ins Maul und lockte ihn mit der anderen Hälfte hinter sich her, dann fuhr sie blitzschnell mit dem Arm unter seinen Hals, packte ihn am Vorderbein und warf ihn um.

Die Zuschauer applaudierten, während Captain und Scolloti die Schafschur vorbereiteten. Bony nahm die Schere in die Hand. Mr. Lamb wurde äußerst unelegant auf das Lager von Säcken verfrachtet, und Bony kniete sich auf seinen Rücken.

Jetzt faßten die schwarzen Zuschauer Mut und kamen zum Gartenzaun. Jim Scolloti lehnte in der Küchentür und zündete sich die Pfeife an. Captain stand neben Bony, schien aber jederzeit fluchtbereit, falls der Scherer den Halt verlieren sollte. Die Zuschauer hielten den Atem an, und über die ganze Farm senkte sich spannungsgeladene Stille.

Mr. Lamb war nun wirklich lammfromm und wehrte sich nicht. Resigniert fügte er sich in die zweite unwürdige Behandlung dieses Tages. Zunächst entfernte Bony die Bauchwolle, dann trimmte er die Beine und löste das Vlies von der rechten Seite. Nun kniete sich Bony auf ein Hinterbein von Mr. Lamb, packte ihn mit der Linken am Maul und drehte ihn um. Vorsichtig löste er das Vlies, ohne es zu zerreißen. Als er sein Werk beendet hatte, hob er Mr. Lamb vom Vlies und legte ihn daneben ins Gras. Von der ungewohnten Arbeit war Bonys Hand ganz steif. Das Schaf war jetzt weiß wie Schnee, besaß allerdings nur noch ein Drittel seiner früheren Größe.

Tessa rollte das Vlies zusammen und schob es in den Sack, den Captain aufhielt.

»Sie haben ihn nicht ein einziges Mal geschnitten!« rief Tessa bewundernd.

»Geschnitten! Natürlich habe ich ihn nicht geschnitten«, erwiderte Bony und musterte die Zuschauer am Zaun. Der Koch lehnte immer noch in der Küchentür. Die Eingeborenen warteten schweigend auf den Fortgang der Ereignisse, denn nun kam erst der spannende Moment, wo Mr. Lamb wieder freigelassen werden mußte.

»So, Tessa, jetzt nimm die Wolle und die Säcke, und wirf alles über den Zaun. Und dann klettere sofort hinüber«, sagte Captain. Er wartete, bis das Mädchen in Sicherheit war, dann wandte er sich an Bony. »Nun übernehme ich wohl besser Mr. Lamb, Inspektor. Wenn er jetzt losgelassen wird, dürfte er sich wie ein Freistilringer benehmen.«

Bony kam diesem Wunsch nur zu gern nach und trat zu Scolloti an die Küchentür. Captain preßte Mr. Lamb in der Zwischenzeit fest auf den Boden. Captain blickte zu seinen Stammesgenossen, die vor Spannung den Atem anhielten. Er blickte zum Taghaus, zur Küche und schließlich zur Veranda und schien wie ein Baseballspieler das Feld abzuschätzen. Plötzlich stellte er Mr. Lamb mit einem Ruck auf die Beine, versetzte ihm einen Schubs und stürmte im selben Moment auf das schützende Taghaus zu, das am nächsten lag.

Bony hätte es für vernünftiger gehalten, Mr. Lamb wegzutragen und mit einem Strick an einen Baum zu binden, bis sich Mr. Lambs Blutdruck normalisiert hätte. Aber das entsprach offensichtlich nicht dem Protokoll. Mr. Lamb streifte den fliehenden Captain mit einem kurzen Blick, drehte sich einmal um sich selbst und schien erstaunt zu sein, wie leicht er plötzlich war. Anscheinend glaubte er, jetzt fliegen zu können. Er fühlte sich wie neugeboren und stürmte hinter Captain her – ein weißer Pfeil mit zwei blitzenden gelben Augen; denn auch das kranke war nun wieder in Ordnung.

Captain hatte beabsichtigt, das Taghaus zu umrunden und so die rettende Küche zu erreichen. Aber Mr. Lamb kam mit seinen steifbeinigen Sprüngen so schnell voran, daß der Schwarze kurzerhand dort Zuflucht suchte, wo er sich sicher glaubte. Mr. Lamb würde sich nicht ins Taghaus wagen, weil er dort schon wiederholt herausgeworfen worden war. Doch Mr. Lamb kümmerte sich um kein Verbot und stürmte siegestrunken hinter Captain ins Haus.

Die Zuschauer hörten begeistert das Geschrei und den Lärm im Taghaus, doch als Captain wie ein Pfeil aus der Tür geschossen kam, herrschte sofort wieder gespanntes Schweigen. Captain versuchte, die Küchentür zu erreichen, in der der Koch und Bony blitzschnell verschwanden. Ein kurzer Blick über die Schulter zeigte ihm aber, daß er die Küche nicht mehr erreichen würde. Er schlug einen Haken nach rechts und gewann damit die drei Sekunden, die er brauchte, um auf eine Baikastanie zu klettern.

20

Nun saß der Held dieser australischen Version eines Stierkampfes wie eine flügellahme Krähe in den Zweigen der Kastanie und hörte sich die guten Ratschläge der Männer und das aufgeregte Schreien der Frauen an. Captain hatte nur eine Hose an und war stolz auf seinen fragwürdigen Sieg. Mr. Lamb zog sich etwas zurück und nahm verschiedene kurze Anläufe, um seine steifen Beine zu trainieren. Das Donnern der Hufe und das laute Blöken verkündeten offensichtlich Rache. Er war jetzt der Herr der Lage, und das zeigte er auch deutlich.

Dem australischen Eingeborenen mangelt es bestimmt nicht an Mut, aber wie jeder andere Mensch fürchtet er sich davor, lächerlich zu wirken. Captain hätte natürlich vom Baum springen können, aber dann wäre Mr. Lamb sofort auf ihn zugestürmt, bevor er den rettenden Zaun hätte erreichen können. Er rutschte ein Stück am Stamm herunter, doch sofort leuchteten Mr. Lambs goldene Augen heimtückisch auf. Captain kletterte also höher hinauf, wo er es sich bequemer machen konnte. Dann biß er sich ein Stück Preßtabak ab und gab die Spötteleien der Zuschauer kräftig zurück.

Eine halbe Stunde verging, ohne daß sich die Lage im geringsten verändert hätte. Schließlich kletterte Captain auf einen Ast, von dem er sofort herunterspringen konnte. Er warf Mr. Lamb ein Stück Preßtabak vor die Beine, aber das Schaf ließ sich nicht ablenken.

Captain konnte sich lebhaft vorstellen, wie er durch die Luft gewirbelt werden würde, während die Zuschauer begeistert brüllten. Er schien unweigerlich dem allgemeinen Gespött preisgegeben, und deshalb entschloß er sich, geduldig abzuwarten, bis Mr. Lambs Wut verflogen war.

Eine halbe Stunde später saß er immer noch auf dem Baum. Man solle doch das Biest endlich mit dem Lasso einfangen, rief er gereizt, aber niemand machte Anstalten. Er wandte sich an Young Col, doch der riet ihm, auf dem Baum zu bleiben, bis er seine Kamera geholt habe. Bony wiederum erwiderte, er sei zu alt dazu. Tessa kicherte und meinte, daß Rosies kleines Lämmchen doch bestimmt so einem großen Löwenbändiger wie Captain nichts anhaben könne. Die Zuschauer kauerten sich nieder, und um zu zeigen, daß Captains Zwangsaufenthalt noch lange nicht zu Ende war, legte sich Mr. Lamb ins Gras und begann mit saturnhafter Miene wiederzukäuen.

Eine Stunde später sagte Bony zu Young Col, er brauche sich nicht um den Funkapparat zu kümmern, sondern möge sich ruhig den Fortgang der Ereignisse anschauen. Als Howard sich um fünf Uhr meldete, saß Bony bereits am Apparat.

»Bezüglich Ihrer Anfrage: Es gab vor zwölf Monaten ein paar Scherereien in Wyndham. Es war im letzten Juni. Drei indonesische Seeleute desertierten von einem Logger und verschwanden im Busch. Der eine wurde mehrere Monate später in Darwin erwischt und die anderen beiden in Derby.«

»Danke, Howard. Sowohl Derby als auch Darwin liegen weit von Wyndham entfernt. Wurden diese Männer hier über Funk gemeldet?«

»Nicht die beiden in Derby. Aber der, den man in Darwin erwischt hat, wurde vom Adelaide River gemeldet.«

»Besten Dank. Sind die Brentners schon angekommen?«

»Ja. Sie sind im Hotel. Und die Abgeordneten sind ebenfalls eingetroffen. Sie zelten auf einem Campingplatz beim Krankenhaus. Morgen ist eine große Versammlung. Der ganze Kimberleydistrikt wird hier zusammenkommen, hörte ich. Übrigens – sagen Sie doch Col Mason, daß es meine Frau zwar ganz gern hat, wenn man sie ›Süße‹ nennt, aber nur bei mir.«

Bony lachte. »Und ich dachte, er spricht mit Ihrer Tochter, Howard. Ich werde ihm Ihren Wunsch natürlich ausrichten. Und nun rufe ich Mrs. Leroy.«

Mrs. Leroys Stimme kam klar und deutlich aus dem Lautsprecher.

»Inspektor Bonaparte! Ja, ich habe ein paar Hinweise. Wie gefällt es Ihnen denn am Deep Creek?«

»Wunderbar. Frieden und Erholung, Mrs. Leroy. Young Col

ist beschäftigt, und da bin ich gleich selbst am Apparat. Wenn Sie mir die Antworten geben, werde ich sie notieren. Und dann möchte ich Sie noch ewas fragen.«

Mrs. Leroy gab ihm die entsprechenden Hinweise und meinte zum Schluß, sie hoffe, daß sie ihm helfen würden.

»Ich wollte diese Gelegenheit gleich benützen, um Sie zu fragen, ob es im vergangenen Winter unter Ihren Eingeborenen Unruhe gegeben hat«, erwiderte Bony, und Mrs. Leroy meinte, es habe lediglich Ende August ein paar Schwierigkeiten gegeben, als ihr Stamm auf Wanderschaft gegangen sei – gerade in dem Augenblick, als die jungen Männer bei der Viehmusterung gebraucht wurden. Sonst habe es keine Schwierigkeiten gegeben, Bony dankte und schaltete den Funkapparat ab.

Als er in die Arena zurückkam, hockte Captain immer noch auf dem Baum, und unten im Gras lauerte Mr. Lamb. Tessa saß auf einer Kiste, und der Koch blickte immer wieder zur Tür heraus, weil er das Abendessen vorbereiten mußte. Bony ging ins Taghaus, um in Ruhe über die Gespräche mit Howard und Mrs. Leroy nachdenken zu können.

Im Juni vergangenen Jahres waren also drei Indonesier in Wyndham von einem Logger desertiert. Zwei dieser Männer hatten Derby an der Westküste erreicht, und der dritte war nach Darwin gelangt, nachdem seine Anwesenheit am Adelaide River über Funk gemeldet worden war. Ende August desselben Jahres hatten zwei Fremde das Eingeborenencamp am Deep Creek besucht und Captain in eine Schlägerei verwickelt. Brentner hatte diese Fremden als Eingeborene bezeichnet und nicht weiter beachtet. Hatte es sich dabei vielleicht um die beiden Indonesier gehandelt, die später in Derby verhaftet worden waren? Brentner hatte geschrieben, daß Captain ihm gesagt habe, »Ich lasse unseren Stamm nicht von hergelaufenen Lumpen aufwiegeln«.

Von keinen »hergelaufenen fremden Lumpen« – das schien ein Hinweis zu sein, der vielleicht für die Leute ganz interessant sein konnte, die Bony mit der Aufklärung dieses Falles beauftragt hatten.

Diese Leute wollten wissen, wie der Mann, der später tot auf

Luzifers Couch gefunden worden war, unbemerkt in den Kimbeleydistrikt gelangen konnte. Deshalb dürften sie sich für die beiden Indonesier interessieren, die von Wyndham nach Derby gereist waren. Immerhin konnten sie ja auch mit einem Schiff von Wyndham nach Derby gelangt sein, und Captain hatte die Störenfriede vielleicht deshalb als Fremde bezeichnet, weil sie einem sehr entfernten Stamm angehörten.

Mrs. Leroys Antworten bezogen sich auf den Brief, den Bony ihr geschrieben hatte, und er sah sich seine Notizen an.

»Frage eins: Haben Sie eine Sage über den Krater gehört? Nein.

Frage zwei: Haben Sie die Sage gehört, daß nach dem weißen Mann der braune Mann kommt, und daß nach dem braunen Mann das Land wieder in den Besitz der Ureinwohner zurückfällt? Nein.

Frage drei: Haben Sie jemals einen kleinen Elfenbeinbuddha gesehen? Nein.

Frage vier, unter Bezugnahme auf Frage drei: Trug ihn jemand als Talisman? Nein.

Frage fünf: Hat Captain außer Derby noch andere Städte besucht? Falls ja, bitte die Anfangsbuchstaben. – B. O. P. (Broome, Onslow, Port Hedland).«

Diese drei Städte lagen südlich von Derby. Captain hatte also zweifellos den Pater auf einer Tour begleitet, während er in Derby die Schule besuchte. Es wurde nun immer deutlicher, daß Captain die Antworten auf die Fragen drei und vier wissen mußte.

Jim Scolloti blickte auf die Uhr und rief Tessa etwas zu, die sich sofort an Mr. Lamb anpirschte. Mr. Lamb ließ Captain nicht aus den Augen und übersah dabei, daß sich das Mädchen von hinten näherte. Als er es schließlich merkte, war es zu spät, und er konnte nur noch dankbar das Stück Tabak annehmen, das ihm mit einem Ruck vors Maul gehalten wurde. Wieder einmal war Simson von Delila betrogen worden, und er mußte es sich gefallen lassen, von Captain über den Zaun gehoben zu werden. Doch nun stürmte das Schaf auf die Schwarzen los, die laut schreiend flüchteten.

Beim Abendessen fragte Bony Young Col, ob es außer der Sattlerwerkstatt auch eine Schreinerei gäbe.

»Sie liegt direkt neben der Sattlerei«, meinte Young Col. »Möchten Sie etwas arbeiten?«

»Sie ist natürlich mit Werkzeugen gut ausgestattet? Wer hat normalerweise Zutritt?«

»Jeder, dem der Boß einen Auftrag erteilt. Sonst ist der Schuppen verschlossen, und der Schlüssel hängt an einem Haken im Büro. Die Werkzeuge sind sehr teuer, müssen Sie wissen.«

»Wann hat wohl das letztemal jemand dort gearbeitet?«

»Wann?« Young Col überlegte angestrengt, und Tessa runzelte die Stirn. »Es muß am Ende des Sommers, vor der ersten Musterung dieses Jahres gewesen sein. Im Winter haben wir ja zuviel mit dem Vieh zu tun.«

»Es ist nicht so wichtig«, meinte Bony und nahm sich Biskuit und Käse. »Ich versuche nur einen Anhaltspunkt zu finden. Versuchen wir's doch noch mal, Col. Wer würde wohl zur Arbeit in die Schreinerei geschickt werden?«

»Der Boß würde Old Ted oder mir den Auftrag erteilen, manchmal auch Captain. Man holt sich den Schlüssel aus dem Büro und bringt ihn auch wieder dorthin zurück, sobald man mit der Arbeit fertig ist. Natürlich werden die Werkstattschuppen sorgfältig abgeschlossen.«

»Und dort gibt es alle benötigten Werkzeuge, nehme ich an?«

»Alles.«

»Ich glaube, ich werde langsam warm, Col. Und wie ist es mit dem ausgedienten Werkzeug? Wird es an die Eingeborenen verschenkt oder bleibt es liegen?«

»Weder noch. Wenn wir neues Werkzeug brauchen, muß das alte an unseren Bevollmächtigten ins Hall's Creek geschickt werden.«

»Und wie ist es mit Äxten und Axtstielen? Besorgt die auch Ihr Bevollmächtigter?«

»Nein, Äxte und Beile nicht, nur das Schreiner- und Sattler-
werkzeug.«

»Ich werde immer wärmer«, erklärte Bony begeistert. »Aber
wann hat nun jemand das letztemal in der Tischlerwerkstatt
gearbeitet?«

»Da müßte Ihnen das Tagebuch Auskunft geben. Wenn Sie
wollen, sehe ich einmal nach.«

»Vielleicht kann ich es Ihnen sagen, Bony«, mischte sich Tessa
ins Gespräch. »Ich erinnere mich, daß Rosies Handarbeitskästchen kaputtging. Wir konnten den Deckel nicht mehr schließen.
Captain holte gerade den Schlüssel zur Schreinerei, und da bat
ihn Rosie, das Kästchen gleich zu reparieren. Er brachte es
zurück, als er die Schlüssel wieder ablieferte.«

»Wundervoll, Tessa, aber wann war das?« beharrte Young
Col. Tessa lachte triumphierend, ließ aber die beiden Männer
noch etwas zappeln.

»Es war an dem Tag«, sagte sie schließlich, »an dem mir Rose
diesen wunderhübschen, mit Brillanten besetzten Kamm geschenkt hat, an meinem Geburtstag – am zwanzigsten April.
Wäre damit Ihr Rätsel gelöst, Bony?«

»Ja, allerdings, Tessa. Die Lösung heißt Säge – paßt ausgezeichnet.«

Geschickt wechselte Bony nun das Thema und sprach von
dem Tanzabend, der am nächsten Tag in Hall's Creek veranstal-
tet wurde, und von der Rückkehr der Brentners. Schließlich ging
er ins Büro, um sich noch einmal das Tagebuch anzusehen. Unter
dem zwanzigsten April konnte er lesen:

»Ted mit Vieh nach Beaudesert abmarschiert. Col kontrolliert
Vieh bei Eddy's Well. Fuhr selbst nach Laffer's Point, um
Wasserpumpe zu reparieren. Kam erst spät in der Nacht zu-
rück. Captain berichtete, Maundin beim Weggang bis Eddy's
Well begleitet zu haben.«

Da Bony wußte, daß Tessa sich bereits einmal in einem Datum
geirrt hatte, blätterte er noch mehrere Seiten vor und zurück,

konnte aber keinen Eintrag finden, daß Captain in der Tischlerei gearbeitet hatte.

Als Young Col eintrat, um sich für das vereinbarte Gespräch mit Kurt Brentner an den Funkapparat zu setzen, fand er Bony tief in Gedanken versunken. Im Verlauf des Funkgesprächs erfuhr Bony, daß sich der Viehzüchter entschlossen hatte, noch einen Tag in Hall's Creek zu bleiben und den Ball zu besuchen.

Das paßte Bony ausgezeichnet in seine Pläne; denn er wollte gern die Geschichte mit den beiden abgesägten Stangen klären, bevor er Captain ins Gebet nahm.

Am nächsten Morgen nach dem Frühstück spazierte er scheinbar ziellos am Bach entlang. Er besuchte Gup-Gup und unterhielt sich auch mit Poppa. Er erkundigte sich beiläufig nach Mitti und Wandin und erfuhr, daß sich die beiden immer noch auf Wanderschaft befanden. Dann besichtigte er das Camp mit seinen primitiven Hütten. Die Pfähle und Stangen, die das Gerüst für die Säcke und Blechplatten bildeten, waren alle mit der Axt abgeschlagen.

Am frühen Nachmittag bummelte er den Bach hinauf. Immer wieder blieb er stehen, um sich die Gegend anzuschauen. Er wußte genau, daß man ihn keinen Augenblick aus den Augen lassen würde. Er warf Steine ins Staubecken und vertrieb mit einem Knüppel einen Schwarm Kakadus aus einem Baum. An der Biegung befand sich Jungholz von Eukalyptusbäumen.

Er entdeckte die beiden Baumstümpfe sofort. Sie waren ungefähr einen Meter hoch. Ohne stehenzubleiben, musterte er die Gummitropfen, die aus den Stümpfen und den buschigen Kronen, die am Boden lagen, hervorgequollen waren. An den Kronen befanden sich noch die Blätter, die nun vertrocknet waren.

Hier also waren die Stangen geschnitten worden, die Old Ted in der Nähe von Luzifers Couch gesehen hatte. Und dazu hatte man eine Säge verwendet. Wahrscheinlich, weil man die Axtschläge bis hinüber zur Farm hätte hören können.

21

Am Nachmittag trank Bony mit Young Col und Tessa Tee. Durch die dünne Graswand des Taghauses konnten sie beobachten, wie Captain zur Küche ging, um sich seinen Tee zu holen. Etwas später schlenderte er von seinem Häuschen hinüber zur Badebaracke. Er trug einen blauen Bademantel und Tennisschuhe. Als Bony eine halbe Stunde später das Häuschen des Eingeborenen betrat, trug Captain lediglich eine Leinenhose, und das frischrasierte Gesicht glänzte fast genauso wie das zurückgekämmte Haar.

Der Raum war ordentlich und sauber, die Decken auf dem Bett militärisch zusammengefaltet. Das Fenster war geöffnet, und davor stand ein Tisch, an dem Captain ein Buch las. Er machte große Augen, als Bony sich eine Kiste heranzog und ihm gegenüber am Tisch Platz nahm. Die Tür befand sich nun in Bonys Rücken.

»Es ist soweit«, sagte das Walroß, »und da sollen Sie auch den Rest hören«, begann Bony ruhig und drehte sich eine Zigarette. »Hoffentlich störe ich Sie nicht, aber ich hätte ein paar Fragen, bei denen Sie mir vielleicht behilflich sein können.«

»Ich werde mir Mühe geben, Inspektor«, erwiderte Captain lächelnd und wartete, bis Bony sich die Zigarette angezündet hatte.

»Sind Sie auch der Ansicht, daß die Leiche des Fremden deshalb im Krater deponiert wurde, weil der Krater erst in jüngster Vergangenheit entstanden ist und deshalb weder durch die Geschichte noch durch Sitten oder Sagen mit Ihrem Stamm verbunden ist?«

»Sie haben völlig recht«, erwiderte Captain, öffnete eine Tabakdose und drehte sich eine Zigarette. »Aber da es meiner Überzeugung nach die Tat eines Weißen war, dürfte es meinen Leuten völlig gleichgültig gewesen sein.«

»Durchaus logisch, Captain, wenn es sich tatsächlich um die Tat eines Weißen gehandelt hat. Aber ich bin da anderer Ansicht.

Ich bin überzeugt, daß der Mord zwar nicht von den Schwarzen verübt worden ist, aber daß sie doch daran beteiligt waren. Wäre der Mord nur von Weißen verübt worden, hätten sie sich nicht die Mühe gemacht, die Leiche erst zum Krater zu tragen, denn dafür hatten sie keinen Grund, wie Sie selbst soeben zugegeben haben. Sie würden die Leiche einfach verbrannt oder beerdigt haben. Sie würden sich nicht einmal die Mühe machen, die Tat so zu tarnen, daß es aussehen mußte, als sei der Mann an Durst oder Erschöpfung gestorben. Die Weißen allein können also nicht verantwortlich sein.«

Captain hatte seine Zigarette fertig und blickte Bony über die Flamme seines Zündholzes hinweg an. Seine Augen waren ausdruckslos, und sein Gesicht verriet keine Regung.

»Es gibt noch andere Dinge, die ich gern mit Ihnen besprochen hätte«, fuhr Bony fort. »Dazu gehört auch Ihr eigenes ungewöhnliches Verhalten. Sie haben mich zum Beispiel bei verschiedenen Gelegenheiten beschatten lassen. Dann wäre noch die reichlich fadenscheinige Geschichte mit Lawrence und Wandin. Und Sie dürfen sich schließlich auch nicht wundern, daß ich mich ärgere, wenn Sie so wenig von meinen Fähigkeiten halten.«

Captain klappte das Buch zu und schob es neben das geöffnete Fenster. Er beobachtete die Bäume am Bach, die Farmgebäude und die Wüste, die sich bis ans Ende der Welt zu dehnen schien. Dort draußen lag Luzifers Couch.

»Sie werden mir doch sicher beipflichten, daß Gup-Gup und die Leute in Hall's Creek viel besser wissen, wann der Meteor gefallen ist, als diese Meteorgeologen, die den Krater vor einigen Jahren besucht haben. Gup-Gups Aussage und das Fehlen von Eingeborenensagen über den Krater müssen mir doch recht geben. Einverstanden?«

Captain nickte und sah wieder zum Fenster hinaus.

»Dann werden Sie also auch zugeben, daß die echten Sagen viel früher entstanden sind. Ich erinnere mich, in Tessas Buch eine Sage gelesen zu haben, die einen politischen Trend hat. Ich meine die Sage von dem braunen Mann, der dem weißen Mann folgt. Tessa hält sie für eine echte Sage, und doch hat Mrs. Leroy nie davon gehört. Haben Sie sich diese Sage ausgedacht?«

»Und wenn? Es ist doch wohl kein Verbrechen, Sagen zu erfinden.«

»Es ist ein Verbrechen, wenn man Sagen zu einem anderen Zweck als dem der reinen Unterhaltung erfindet, oder um Volkskundler irrezuführen. Also – haben Sie diese Sage erfunden?«

Captain starrte schweigend zum Fenster hinaus, und Bonys Stimme wurde schneidend.

»Ich habe Sie etwas gefragt, Captain!«

»Jawohl, ich habe diese Sage erfunden. Was ist dabei?«

Die dunklen Augen funkelten Bony gefährlich an.

»Ich will es zunächst bei dieser Antwort bewenden lassen. Ich habe gehört, daß Sie einen lobenswerten Ehrgeiz haben, daß Sie eine Mission übernommen haben. Dafür zeige ich vollstes Verständnis. Nun glaube ich aber, daß das Verbrechen im Krater eine ernste Bedrohung für Ihre Mission ist. Und wenn Sie mir zutrauen, daß ich einen Weg finden werde, Ihrem Stamm drastische Maßnahmen zu ersparen, dann sollten Sie mir offen und ehrlich helfen, weil Sie damit Ihrer eigenen Mission dienen. Was hat der kleine Buddha im Schatzhaus des Stammes zu bedeuten?«

Bei dieser Frage sprang Captain auf.

»Das Schatzhaus ist Poppas Angelegenheit!« brüllte er los. »Ich weiß nicht, was sich darin befindet. Ich bin kein Medizinmann. So alt bin ich noch nicht.«

»Ich sprach von dem Elfenbeinbuddha. Der Buddha ist für mich wichtig, nicht die Fundstelle«, entgegnete Bony scharf. »Er gehört zu einem Kulturkreis, der dem australischen Ureinwohner völlig fremd ist. Und nun seien Sie vernünftig.«

Captain setzte sich und nahm wieder seine stoische Haltung ein. »Gup-Gup hat erzählt, daß schon einmal das Deutebein auf Sie gerichtet worden ist. Das könnte leicht noch einmal passieren, wenn Sie sich am Schatzhaus des Stammes vergehen.«

»Das wäre allerdings sehr schlimm für mich, Captain. Und

für Sie ebenfalls. Sie würden nämlich eine Menge zu erklären haben. Zum Beispiel die Geschichte mit dem davongelaufenen Liebespaar. Sie würden dem Boß einen stichhaltigen Grund nennen müssen, warum Mitti ein Pferd zu Tode geritten hat, und warum Poppa und seine Leute den Kadaver in der alten Erzmine versenkt haben. Und es gäbe noch eine ganze Menge zu erklären.«

Das runde, glatte Gesicht des Eingeborenen wandte sich wieder dem Fenster zu. Sekundenlang erschien auf der Stirn eine steile Falte, und er reckte das Kinn energisch vor. Doch dann blickte er Bony wieder ausdruckslos an.

»Ihnen geht es genau wie Tessa«, fuhr Bony fort. »Sie hörte Ihre Geschichte von dem davongelaufenen Liebespaar, und obwohl sie genau wußte, daß Wandin Mittis Lubra ist, schwieg sie. Sie fühlte sich innerlich zerrissen; denn sie wollte ihrem Stamm die Treue wahren, aber ebenso den Brentners. Zweifellos haben Sie schon einmal das Bibelwort gehört, daß kein Mensch zwei Herren dienen kann. Und wer es dennoch versucht, erleidet unweigerlich Schiffbruch. Auch Sie sind innerlich zerrissen, genau wie Tessa. Und nun, Captain, nun müssen Sie sich entscheiden, welchem Herrn Sie dienen wollen. Ich glaube sogar, Sie haben sich bereits entschieden, Ihrem Stamm zu dienen. Wenn dem so ist, dann sind Sie meiner Sympathie sicher, denn ihm können Sie viel besser dienen als der weißen, der braunen oder der gelben Rasse. Dienen Sie also Ihrem Stamm und tun Sie alles, ihn aus den Schwierigkeiten herauszuholen, in die er durch den Tod des Mannes im Krater geraten ist.«

»Meine Leute haben nichts damit zu tun. Das sagte ich bereits.« Captains Augen funkelten. »Lassen Sie sie aus dem Spiel, Inspektor. Und lassen Sie auch mich aus dem Spiel. Dieser Mord hat nichts mit uns zu tun.«

»Dann erklären Sie mir doch, warum Sie mich beschatten ließen.« Fast spürte Bony Mitleid mit dem Mann. »Sagen Sie mir, warum Sie am zwanzigsten April Brentners Abwesenheit ausnützten und sich von Tessa den Schlüssel zur Tischlerei geben ließen, um eine Säge zu holen. Eine Säge, mit der zwei Stangen abgeschnitten wurden, weil Sie fürchteten, daß die Axtschläge auf der Farm gehört werden könnten.«

»Dann hat die kleine Tessa also geschwatzt, wie?« Captain verschränkte die Hände.

»Nicht absichtlich. Nun – wozu haben Sie diese Stangen abgesägt?«

»Um etwas anzufertigen.«

»Jawohl, und zwar eine Bahre, mit der die Leiche zum Krater gebracht werden konnte. Dazu sind aber zwei Mann nötig, und diese beiden Männer hatten Säcke um die Füße gebunden, um keine Spuren zu hinterlassen. Diese beiden Männer trugen den Toten an der niedrigsten Stelle über die Kraterwand. Sie durften die Leiche nicht auf dem Gebiet des Stammes lassen, weil dort jeder Meter Boden durch die Jahrhunderte geheiligt ist.« Bonys Stimme wurde eine Nuance schärfer, die Worte kamen wie Peitschenhiebe. »Warum haben Sie den Toten nicht im Krater begraben? Warum mußten Sie ihn offen liegen lassen, damit man ihn vom Flugzeug aus sehen konnte? Sagen Sie es mir doch!«

Captain stand auf und blickte auf Bony herab. Seine Augen waren wieder leer, und auf seinem Gesicht erschien ein resignierter Ausdruck, so daß Bony ihn sekundenlang unterschätzte.

»All right, Inspektor. Ich werde Ihnen jetzt etwas zeigen«, sagte der Eingeborene und trat zu einem Regal, das Bony nicht sehen konnte. Er nahm ein Notizbuch herunter, während er gleichzeitig mit der anderen Hand ein Gewehr packte. Das Notizbuch flog zu Boden. Captain richtete den Lauf auf Bony, den Finger am Abzug. Er zog sich an das entfernte Ende des Regals zurück und langte nach einem Lappen und einem kleinen Ölkännchen.

Bony starrte reglos in die Gewehrmündung, die genau auf seine Stirn gerichtet war. »Es wäre das Dümmste von der Welt, wenn Sie mich jetzt erschießen.«

»Es wäre ein Unfall«, erwiderte Captain ruhig und legte Ölkännchen und Lappen auf den Tisch. »Wir unterhalten uns über Sagen, nicht wahr? Dabei reinige ich das Gewehr, und ein Schuß geht los. Ich springe erschrocken auf und werfe das Ölkännchen

154

um – so. Dann werfe ich den Lappen auf den Boden – so. Und dann laufe ich davon, um Hilfe zu holen.«

In diesem Moment raschelte es, und Tessa erschien in der Tür. Keiner der beiden Männer blickte zu ihr hin. Captain ließ Bony nicht aus den Augen, und Bony starrte in den Gewehrlauf.

»Captain, leg das Gewehr weg!« befahl Tessa. »Leg das Gewehr weg, habe ich gesagt. Du Idiot du! Ein Unfall, willst du sagen. Hast du denn den Verstand verloren? Leg das Gewehr weg!«

Das Gewehr schwankte keinen Millimeter, und Tessa wagte nicht, sich zu rühren.

»Wenn Sie mich erschießen, Captain, dann vergessen Sie aber nicht, etwas Öl auf den Putzlappen zu gießen«, sagte Bony mit mühsam beherrschter Stimme.

»Und vergiß nicht, daß ich auch hier bin, Captain«, fügte Tessa hinzu. »Ich wäre Zeugin dieses Mordes und würde gegen dich aussagen. Du Narr, du! Wenn du Bony erschießt, wirst du hängen, Captain.«

»Dann werde ich dich eben gleichfalls erschießen«, erklärte Captain eiskalt.

»Das beweist nur, wie dumm du bist.« Tessa schnaubte verächtlich. »Dieses Gewehr ist nur einschüssig. Ich wäre längst davon, bevor du neu geladen hast.«

Captain machte eine zornige Bewegung.

»Verdammtes Luder! Schön, Tessa, du willst es ja nicht anders.« Captain atmete schwer, und der Gewehrlauf schwankte leicht. »Überall herumschnüffeln. Old Ted schöne Augen machen. Aber ich bin für dich nur Dreck, und Gup-Gup und die anderen ebenfalls. Dem Inspektor erzählst du alles mögliche und stellst dich gegen mich und deinen eigenen Stamm. Ja, Tessa, du wolltest es nicht anders, und jetzt werde ich mit dir abrechnen.« Wut schoß in seine dunklen Augen, und das Gesicht verzerrte sich. »Ich werde dich so schlagen, Tessa, wie noch keine Lubra von ihrem Mann geschlagen wurde. Jawohl, Tessa, du hochmütiges kleines Luder.«

Captain warf das Gewehr zur Seite, und krachend löste sich ein Schuß. Tessa fuhr herum und floh durch die offene Tür, und der Eingeborene stürmte mit lauten Drohungen hinterher.

22

Tessa war zu Tode erschrocken, als Captain sich so unvermutet in einen Berserker verwandelte. Bisher war er stets ruhig und anständig gewesen.

Instinktiv suchte sie den Schutz ihres Zimmers. Sie lief über das freie Gelände auf den Zaun zu, doch da sah sie, daß mitten im Gartentor die massive Gestalt des gereizten Mr. Lamb stand. Nie würde sie an ihm vorbeikommen, und sie wußte nur zu gut, daß sie auch nicht über den Zaun springen konnte. Versuchte sie aber, darüber hinwegzuklettern, verlor sie kostbare Sekunden, und Captain würde sie einholen.

Dann würde er sie verprügeln, und sie sah plötzlich andere Lubras vor sich, die geschlagen worden waren – wie sie es in ihrer Kindheit oft erlebt hatte. Jim Scolloti rief etwas und winkte ihr von der Küche aus zu. Doch ganz in der Nähe erklangen die Verwünschungen von Captain, und als sie sich kurz umblickte, war er kaum zehn Meter hinter ihr. Mr. Lamb kam nun ebenfalls angaloppiert, als wollte er ihr den Fluchtweg abschneiden.

Tessa schlug einen Haken, rannte am Gartenzaun entlang. Sie hörte das Donnern von Mr. Lambs Hufen und blickte sich noch einmal um. Da sah sie Captain zum Bach hinüberrasen, Mr. Lamb ihm dicht auf den Fersen. Guter Mr. Lamb! Sie blieb stehen, unschlüssig, wie sie ins Haus gelangen könne. Doch da hätte sie am liebsten laut aufgeschrien; denn Captain kam wieder auf sie zugerannt, während Mr. Lamb ihm verdutzt nachblickte.

Tessa lief erneut los. Sie lief hinaus in die Wüste. Das schützende Haus versank in einer Vergangenheit, in der Liebe und Sicherheit und Ordnung geherrscht hatten. An ihre Stelle trat die offene, grenzenlose Welt, die beherrscht wurde von diesem Ungeheuer, das sie voller Haß verfolgte und entschlossen war, ihre Jugend zu zerstören.

Die Wüste war ihr fremd. Die Furcht löschte alle Farben aus. Die wenigen Büsche glänzten grau und grün. Der rötliche Sand war mit Steinen vermischt und fühlte sich doch weich an unter ihren Schuhen. Luzifers Couch wuchs vor ihr auf wie ein Berg aus schwarzem Pech und weißen Kieseln, aber die Zwischenfarben fehlten. Und sie spürte Ketten und Stricke, die sie einfangen und binden wollten. Sie kam sich vor wie eine Fliege im Spinnennetz.

Da verlor sie einen Schuh. Nun hinkte sie und versuchte, den anderen davonzuschleudern, doch sie mußte erst eine kostbare Sekunde stehenbleiben, um ihn abzustreifen. Jetzt schöpfte sie neue Hoffnung, Captain zu entkommen. Sie würde einen weiten Bogen schlagen, zurück zur Farm, und dort würden sie die Männer vor Captain schützen. Der gute alte Jim und Young Col und Bony – vor allem Inspektor Bonaparte, der war Polizeibeamter.

Sie hatte einen langen Sandstreifen erreicht und blickte sich um. Captain lag ungefähr fünfzig Meter zurück. Die neue graue Leinenhose flatterte um seine Beine, und die Sonne schimmerte auf seiner nackten Brust. Das überlange schwarze Haar war zerzaust und flatterte im Wind. Tessa schlug einen Haken, um zur Farm zurückzukehren.

Doch die Beine wollten ihr den Dienst versagen, als sie sah, daß Captain ebenfalls abbog und ihr unweigerlich den Weg abschneiden würde. Sie änderte den Kurs und lief auf die Bäume am Bach zu. Vielleicht gelang es ihr dort, diesem Wahnsinnigen zu entkommen. Doch schon im nächsten Augenblick mußte sie erkennen, daß Captain ihre Absicht durchschaut hatte und ihr auch diesmal den Weg abschnitt.

Der erste Strick umfing sie. Sie spürte die Behinderung an den Beinen. Es war ihr Rock. Der weiße Faltenrock, den sie über alles liebte, begann sie nun zu fesseln, zu behindern. Er drohte sie an Captain auszuliefern. Sie mußte sich davon befreien, aber was würde dann Rose sagen? Was würden die Männer denken, wenn sie ohne Rock nach Hause kam? Wenn sie die Farm überhaupt jemals wieder erreichen würde! Sie rannte auf den Krater zu, entfernte sich immer weiter von der Farm, und jedesmal, wenn sie einen Bogen zu schlagen versuchte, schnitt Captain ihr den Weg ab.

Im Laufen zerrte sie am Reißverschluß und knöpfte den Bund auf. Sie schob den Rock etwas nach unten, dann blieb sie kurz stehen, streifte ihn ab und rannte im Unterkleid weiter – nach Luzifers Couch. Jetzt ging es besser! Jetzt fühlte sie sich frei und kräftig. Sie brauchte nicht mehr um niedrige Büsche herumzulaufen, sie sprang einfach darüber hinweg wie ein junges Reh. Und doch konnte es nicht ewig so weitergehen. Sie mußte schon meilenweit gelaufen sein und war nicht mehr fähig, richtig durchzuatmen. Sie bekam Seitenstechen.

In ihrer Verzweiflung riß sie sich die Bluse herunter und warf sie weg. Ein kurzer Blick über die Schulter zeigte ihr, daß Captain jetzt nur noch vierzig Meter zurücklag. Sie rannte weiter. Wenn sie jetzt stürzte, würde sie vielleicht nicht mehr aufstehen können. Sie blickte sich um – Captain hatte noch weiter aufgeholt. Er grinste vor Siegesfreude, und seine Augen und die weißen Zähne funkelten teuflisch. Doch da übersah Captain die Wurzel eines alten Salzdornbusches und stürzte kopfüber zu Boden, daß der Staub hoch aufstob. Tessa gewann zusehends Vorsprung. Sie hörte, wie Captain wütend aufschrie und rannte weiter in die Wüste hinein.

Welche Erleichterung, endlich frei zu sein! Die Lungen konnten die köstliche Luft einsaugen, das Seitenstechen ließ nach. Kühl umspülte der Wind das Gesicht, die Arme, den ganzen Körper. Sie verspürte neue Kraft in den Beinen. Und als sie sich umblickte, sah sie, daß sich der Abstand zu Captain wesentlich vergrößert hatte.

Nun konnte sie in einem weiten Bogen zur Farm zurücklaufen. Sie wandte sich nach Süden, doch Captain schnitt ihr auch jetzt den Weg ab. Verzweiflung überkam sie, aber dann riß sie sich zusammen und lief wieder auf Luzifers Couch zu, die nun höher und viel näher vor ihr aufragte, als sie sie sonst von der Veranda aus sah.

Würde es ihr gelingen, zu entkommen? Ihre Füße brannten wie Feuer – diese Füße, die so verweichlicht waren, weil sie seit Jahren die Schuhe der weißen Frau getragen hatte. Captains Füße würden bestimmt nicht so brennen. Er trug selten Schuhe, nur bei besonderen Gelegenheiten. Er trug nicht einmal beim Tennisspielen Schuhe. Seine Fußsohlen würden also hart sein. Seine Füße würden ihn noch viele Meilen weit tragen, bis er sie schließlich eingeholt hatte.

Was sollte sie nur tun! Seit Jahren hatte sie das weichliche, bequeme Leben der weißen Frauen geführt. Es mußte schon ein volles Jahr her sein, daß sie mit den Kindern Fangen gespielt hatte, und seit Monaten hatte niemand mehr Tennis gespielt. Plötzlich spürte sie Stiche in der Brust, sie rang nach Atem und strauchelte. Doch dann schwand der Schmerz wieder, und sie rannte weiter. Aber die Furcht blieb, und die Kinder, Rose und Kurt Brentner, ihre Kleider, die sie so lange Jahre getragen hatte, die Bücher und ihr Wunsch, Lehrerin zu werden – all das war plötzlich unwirklich, war wie ein Traum. Natürlich, so mußte es sein. Sie war eine Eingeborene wie ihre Mutter, wie Captain und Gup-Gup. Das Camp war Wirklichkeit, aber nicht die Farm des weißen Mannes. Mrs. Brentner war immer nett und freundlich gewesen und hatte ihr das Haus gezeigt, und davon hatte sie geträumt. Sie hatte geträumt, in einem Zimmer zu schlafen und an einem Tisch zu essen und Kleider zu tragen wie Mrs. Brentner oder Mrs. Leroy oder all die anderen weißen Frauen.

Ihr wurde dunkel vor Augen, und das war seltsam. Oder lief sie nun schon stundenlang vor Captain davon? Sie war so erschöpft, daß sie nicht weiterlaufen konnte. Und in ihren Ohren vernahm sie ein Singen, und in diesem Singen glaubte sie die Stimme ihrer Mutter zu hören.

»Du weißt ja wohl, was du zu tun hast, wenn du von einem fremden Eingeborenen weit vom Camp entfernt ergriffen wirst?« sagte diese Stimme.

Plötzlich hörte sie, daß Captain etwas rief. »Bleib stehen, Tessa. Du entkommst mir doch nicht.«

»Du weißt, was du zu tun hast – was du zu tun hast«, sang die Stimme ihrer Mutter.

Ein Schleier senkte sich vor ihre Augen, als sie nach einer sandigen Stelle suchte. Captain rief erneut, und er schien sehr nahe. Sie blieb erschöpft stehen. Siegestrunken schrie er auf.

»Was du zu tun hast – was du zu tun hast«, rief ihr die Mutter zu.

Tessa gehorchte dem Befehl, den die schwarzen Mütter schon seit Urzeiten ihren Töchtern gegeben hatten. Sie sank auf den Boden und warf mit wilden Bewegungen den Sand über sich. Sand drang in den offenen Mund und bedeckte die geschlossenen Augen. Sie vernahm, wie Captain neben ihr niederfiel, hörte seinen keuchenden Atem.

»Ich wollte dich umbringen, Tessa«, flüsterte er. »Ich wollte dich töten, aber jetzt kann ich es nicht mehr.«

Tessa spürte den prickelnden Sand auf ihrer Haut und wäre am liebsten in Ohnmacht versunken, um der Furcht zu entgehen, die sie erneut überwältigte. Sie sah, daß Captain mit gesenktem Kopf neben ihr kniete, und Schweiß rann über seine Brust. Nun, warum tötete er sie nicht? Wollte er sie tatsächlich nicht mehr umbringen? Sie blickte zu ihm auf. Aus seinen Augen war die Wut gewichen, und seine Stimme klang jetzt ruhig.

»Du weißt es schon lange, Tessa, daß du mir gehörst und nicht Old Ted. Du gehörst dem Stamm und nicht der Missus. Du warst immer schon meine Lubra. Mein Herz hat immer nach dir geschrien, und deins nach mir, aber du hast es nicht hören wollen. Ich liebe dich, Tessa, und die Missus und Kurt und Bony und der Stamm werden uns niemals mehr trennen.«

Captain stellte Tessa auf die Füße, er faßte sie an der Hand und zog sie fort. Ihre Füße brannten, sie hinkte und fühlte sich unsagbar müde und schmutzig. Das Haar war voller Sand. Sie strauchelte, aber ihre Hand war wie in einem Schraubstock gefangen, der sie unbarmherzig mit sich fortzog. Nach einigen Minuten keimte neue Hoffnung in ihr, denn Captain führte sie zur Farm zurück.

»Du bietest wirklich einen schönen Anblick, Tessa.« Wie im

Traum vernahm sie Captains Stimme. »Du brauchst dringend ein Bad. Du hättest diesen uralten Trick nicht bei mir anzuwenden brauchen. Wir Männer haben nämlich auch einen Trick, um damit fertig zu werden.«

Die Sonne sank hinter den Bäumen am Bach. Tessa war froh, daß Young Col nirgends zu sehen war. Jim Scolloti stand in der Küchentür und Inspektor Bonaparte oben auf dem Gerüst des Wassertanks. Sie wunderte sich, daß er nicht herunterkam und sie von Captain erlöste. Dann erblickte sie Young Col und Mr. Lamb. Sie standen vor der Tischlerei, und Mr. Lamb kaute Tabak.

»Ich kann nicht mehr gehen, Captain«, jammerte Tessa. »Meine Füße sind ganz wund. Laß mich hintenherum nach Hause gehen.«

Captain lachte leise, und es klang sehr glücklich. Er blieb stehen, hob sie auf und legte sie sich über die Schulter. Er lachte, und plötzlich entfernten sie sich wieder von der Farm. Da merkte sie, daß er sie zum Bach trug. Captain hatte jetzt die Farm im Rücken, aber Tessa konnte über seine Schulter hinweg sehen, wie Young Col Mr. Lamb auf ihn hetzte.

Schließlich blieb Captain stehen. Tessa war erstaunt über die Kraft, mit der er sie festhielt, und sie wunderte sich über das wunderbar beglückende Gefühl, das von diesem Mann auf sie überströmte.

Mr. Lamb kam angetrottet, er hatte den Kopf etwas tiefer gesenkt als sonst.

»Tessa«, meinte Captain zärtlich, »bevor ich dich jetzt bade, will ich dir noch einmal sagen, daß du meine Frau bist und daß ich dich unsagbar liebe.«

Tessa wand sich in seinem Griff, ihr rechter Arm umklammerte seinen Hals. Sie brachte ihren Mund an sein Ohr und beobachtete dabei, wie Mr. Lamb angestampft kam. Sie kicherte und trommelte auf Captains kräftige Schulter. Als Mr. Lamb zum endgültigen Angriff ansetzte, lachte sie laut auf, und im nächsten Augenblick flogen sie beide in hohem Bogen ins Wasser. Mr. Lamb hatte so viel Schwung, daß er nicht mehr bremsen konnte, sondern ebenfalls kopfüber ins Wasser plumpste.

23

Als Bony aus Captains Häuschen trat, sah er, wie Mr. Lamb hinter Captain herraste, während Tessa am Gartenzaun entlangfloh. Er war über den Gang der Ereignisse ernstlich besorgt; denn Captains Reaktion war selbst für einen Eingeborenen ungewöhnlich. Nun mußte Bony tatenlos zusehen, weil sich die Pferde auf der Weide befanden. Er hatte Angst um Tessa, denn ein wütender Eingeborener ist unberechenbar und gefährlich wie ein Tiger. Als er die eiserne Leiter zur Plattform des Wasserbehälters hinaufkletterte, machte er sich schwere Selbstvorwürfe.

Von der Plattform aus konnte er die Wüste hinter dem Haus überblicken, ein grüngesprenkelter, hellroter Teppich mit einem gelben Rand am Horizont. Er hörte, wie Young Col etwas zu ihm heraufrief, und Jim Scolloti kam mit einem Gewehr aus der Küche gerannt. Er achtete nicht weiter auf Mr. Lamb, der verdutzt den beiden verschwindenden Gestalten nachstarrte.

Tessa hatte einen ziemlichen Vorsprung. Bony sah, wie sie versuchte, nach Süden einen Bogen zu schlagen und zur Farm zurückzukehren, doch Captain vereitelte diese Absicht. Dann beobachtete er, wie Tessa die Schuhe wegschleuderte und später den Rock. Etwas Blaues flatterte zur Seite, und er wußte, daß sie auch die Bluse ausgezogen hatte. Jetzt hatte sie die Grazie einer Gazelle, und zum erstenmal gab er ihr eine Chance. Die Schatten der Bäume am Bach wurden immer länger und reichten weit hinaus in die Wüste, und die sonnenüberflutete Savanne wurde zu einem glühenden Garten. Doch Bony hatte keine Augen für dieses Naturschauspiel. Er dachte daran, daß es bald finster wurde, und die Dunkelheit bedeutete für Tessa einen großen Vorteil, falls sie bis dahin nicht von ihrem Verfolger erwischt wurde. Im Moment lief sie auf Luzifers Couch zu.

Captain gewann jetzt an Boden, und Bony fand sich resigniert mit dem Unabänderlichen ab. Im nächsten Augenblick lag Tessa am Boden, und das Sonnenlicht vergoldete die Staubwolke, als sie sich in den Sand eingrub.

»Will dieses Scheusal sie umbringen?« fragte Young Col erregt, als er die Leiter heraufkam und neben Bony trat.

»Sieht fast so aus«, erwiderte Bony. »Aber warten Sie, er kniet jetzt neben ihr, und ich glaube, er hat keine bösen Absichten.«

»Eine verdammte Geschichte, Bony! Wie kommt es eigentlich, daß Captain plötzlich Amok läuft?«

»Später, Col, sehen Sie!«

Sie beobachteten, wie Captain aufstand und Tessa aufhob.

»So was, er bringt sie nach Hause«, rief Col. »Jetzt hole ich das Gewehr.«

»Bringen Sie es mir, aber schnell!« befahl Bony, und als Col ihn fragend anblickte, fügte er hinzu: »Ich sagte schnell, Col!«

Young Col brachte ihm das Gewehr herauf, und Bony wies ihn an, Mr. Lamb zu nehmen und sich bereit zu stellen und ihn im passenden Augenblick auf Captain zu hetzen. Dieser Auftrag machte Young Col größtes Vergnügen, und er rutschte mit der Schnelligkeit eines Feuerwehrmannes an der Eisenleiter herunter. Bony ließ Tessa und Captain, die sich nun der Farm näherten, nicht aus den Augen.

Er war erleichtert, daß es bisher zu keiner Gewalttat gekommen war. Da er die Eingeborenenpsyche gut kannte, hatte er große Hoffnung, daß Captains Wut verflogen war, daß er sein Verhalten bereute und Tessa zur Farm zurückbrachte. Als Captain zum Staubecken abbog, wurde es Bony klar, warum sich Tessa in den Sand geworfen hatte. Captain wollte nun seine Gegenmaßnahmen treffen.

Young Col stand mit Mr. Lamb vor der Tischlerei. Er starrte fasziniert auf Tessa, bis ihn der Koch anbrüllte und zu Bony hinaufwies. Der Inspektor gab ihm durch ein Handzeichen zu verstehen, Mr. Lamb jetzt auf Captain zu hetzen. Col stellte sich breitbeinig über das Schaf und zeigte ihm das Ziel. Bony war verzweifelt. Er hatte den Eindruck, daß es zu spät war, daß Mr. Lamb nichts mehr erreichen würde. Er sah, wie Tessa sich zusammenkrümmte, um den Stoß besser abfangen zu können. Er hörte, wie sie lachte, und er sah, daß sie Captain etwas ins Ohr flüsterte. Aber er fand es durchaus nicht lustig, als Captain und

Tessa dann ins Wasser geschleudert wurden und Mr. Lamb voller Schwung folgte.

Captain und Tessa tauchten fast gleichzeitig aus dem tiefen Wasser auf und schwammen Seite an Seite zu der seichten Stelle an der Biegung. Eingeborene kamen angelaufen, und Jim Scolloti brüllte ihnen etwas zu. Zwei Schwarze sprangen in das Staubekken und zogen Mr. Lamb an eine flache Stelle, bevor er ertrinken konnte. Die anderen folgten Captain und Tessa und umringten sie, als sie den Bach verließen. Doch plötzlich lösten sich Captain und Tessa aus den Umstehenden und liefen, offensichtlich mit unverminderter Kraft, wieder davon. Ein weißer Mann und eine weiße Frau wären längst erschöpft gewesen.

Bony hatte nun keine Angst mehr um Tessa. Die beiden liefen nebeneinander her, und Captain hielt sie nicht mehr an der Hand. Sie liefen nicht besonders schnell, und Bony wußte, daß Tessa dem Elfenruf ihres Blutes nicht hatte widerstehen können. Die beiden Gestalten, die über ein Tuch aus Gold und schwarzen Punkten liefen, wurden immer kleiner. Das letzte Sonnenlicht ließ sie in einer regenbogenfarbenen Staubwolke dahinlaufen, und einen Augenblick später schienen sie am Ende der Welt in dem indigofarbenen Himmel verschwunden zu sein.

Bony kletterte die eiserne Leiter herab. Die Eingeborenen standen schreiend und gestikulierend beisammen. Jim Scolloti brüllte jeden an, der ihm zu nahe kam, während er Mr. Lamb an einem Baum festband, um ihn trockenzureiben.

»Na, das wär's ja dann wohl«, meinte Young Col. Sein Haar war zerzaust, doch seine Augen leuchteten hart.

»Könnten Sie die Pferde hereinholen lassen?« fragte Bony. »Ich brauche sie vielleicht morgen früh.«

»Wird besorgt. Die Brentners werden natürlich von dem Aufruhr erfahren müssen, Bony. Rose wird außer sich sein, und Old Ted wird Captain niederschießen wollen.«

»Wir müssen jetzt vor allem einen kühlen Kopf bewahren. Lassen Sie die Pferde hereinholen, bevor es zu dunkel wird.« Bony blickte Young Col durchdringend an. »Und Sie bleiben vom Funkapparat weg!«

Der Inspektor ging in Captains Häuschen, hob das Gewehr vom Boden auf und legte es auf den Tisch. Er nahm die Notizbücher und einen Stoß Manuskripte, dann packte er noch einige Bücher dazu, nachdem er sie flüchtig durchgesehen hatte. Er knipste das Licht an. Brentner war Captain gegenüber wirklich großzügig, mußte er feststellen, genau wie bei Tessa. Schließlich fand er unter der Matratze noch ein Tagebuch, den zweiten Elfenbeinbuddha und eine Brieftasche.

Als er das Licht wieder ausknipste, merkte er, daß es inzwischen fast dunkel geworden war. Er brachte seine Beute ins Büro und schloß sie in einen Stahlschrank ein. Young Col war ihm gefolgt.

»Und was nun, Bony? Die Pferde werden jetzt gebracht.«

Bony bat, drei oder vier für die Nacht zu füttern und die anderen wieder auf die Weide zu treiben. Das werde besorgt, erwiderte Col und verschwand. Bony schob das Gewehr hinter den Schrank und ging hinaus, um mit dem Koch zu sprechen.

»Heute brauchen Sie nicht erst drüben im Haus zu servieren, Jim. Heute abend essen wir alle gleich hier.«

»All right, Inspektor. Besonders gut ist das Abendbrot heute sowieso nicht ausgefallen. Ich mußte mich noch um Mr. Lamb kümmern und ihn trockenreiben. Nein, war das ein Wirbel. Diesen Anblick werde ich mein Leben lang nicht vergessen, und was Captain und Tessa anbelangt – warten Sie nur, bis der Boß nach Hause kommt. Der wird an die Decke gehen und überhaupt nicht mehr herunterkommen.«

»So etwas passiert eben manchmal, Jim«, meinte Bony achselzuckend.

»Das sagte der Sergeant auch, als das Munitionsdepot in die Luft flog.«

Nach dem Abendessen nahm Bony Young Col mit ins Büro.

»Ich kann mich irren, Col, aber als die beiden wieder vom Bach wegliefen, ging Tessa freiwillig mit.« Er legte die Notizbücher und das Gewehr auf den Tisch. »Sie werden wahrscheinlich nicht verstehen, was in Tessa vorgegangen ist. Die Eingeborenen sind viel naturverbundener als wir Weißen. Ich verstehe Captains

Benehmen vollkommen, aber trotzdem brauche ich noch etwas Zeit, um Licht in das Dunkel zu bringen.«

»Wir sollten den Vorfall aber unbedingt den Brentners melden«, meinte Col mürrisch.

»Nicht jetzt. Erst muß die Situation geklärt sein. Captain bringt Tessa vielleicht heute nacht zurück, oder morgen frühzeitig. Inzwischen sammeln Sie bitte sämtliche Gewehre ein und verstecken sie. Mit diesem hier fangen Sie an.«

»Von Captain?«

»Ja. Und dann das von Old Ted.«

Als Young Col ins Büro zurückkehrte, stand Bony vor der Wandkarte, und er fragte Col sofort nach den Wasserstellen und den dort verwendeten Pumpen.

»Und nun setzen Sie sich an den Funkapparat und rufen die Polizeistation«, bat Bony und wandte sich von der Karte ab. Sein Haar war zerzaust, jede Bewegung verriet seine Erregung, und seine Stimme klang gebieterisch. Als sich Howard meldete, trat Bony rasch ans Mikrophon.

»Hier Bonaparte. Howard, ich möchte, daß Sie morgen frühzeitig mit Ihren Trackern aufbrechen. Young Col wird eine Nachricht für Sie haben, falls ich nicht selbst hier bin. Die Ereignisse haben sich so zugespitzt, daß ich Ihre Assistenz benötige. Sind die Brentners noch in der Stadt?«

»Auf dem Ball. Ich habe Brentner versprochen, ihm eventuelle Nachrichten vom Deep Creek zu bestellen.«

»Dann richten Sie ihm aus, daß alles in Ordnung ist. Aber Sie brechen gleich bei Tagesanbruch auf, klar?«

»Vollkommen. Brentner sagte mir, daß er mit seinen Leuten morgen mittag abfahren will. Sie wollen noch bei der Verabschiedung des Ministers dabeisein. Es war ein großes Ereignis für Hall's Creek.«

»Schön«, meinte Bony. »Erzählen Sie aber niemandem, daß Sie wegreiten. Das geht keinen Menschen etwas an.«

Young Col musterte Bony verwundert, und Bony schaltete den Funkapparat ab.

»Zum Teufel! Die Brentners geht es doch etwas an, Bony!«

166

»Jawohl, aber nicht die vielen Leute, die an ihren Funkgeräten mithören«, erwiderte Bony. »Und nun passen Sie auf: Ich habe mit Captain über die Resultate meiner Ermittlungen gesprochen, als er plötzlich das Gewehr hervorholte. In diesem Augenblick erschien Tessa und beschimpfte ihn. Dadurch geriet er in Wut, warf das Gewehr weg und rannte hinter ihr her. Sie haben diese Jagd ja selbst beobachtet. Ich fürchtete schon, er würde sie umbringen. Ich weiß aber auch, warum es nicht soweit kam. Sie sahen doch, wie sie zum Staubecken zurückkehrten. Dort hätte alles mögliche geschehen können, wenn Mr. Lamb nicht dazwischengekommen wäre. Nun sind die beiden aber aus dem Wasser geklettert und hinaus in die Wüste gelaufen. Wir können durchaus annehmen, daß Tessa diesmal freiwillig mitging. Sie sehen also, daß Captain kein Verbrechen begangen hat – höchstens vielleicht, daß er mich mit dem Gewehr bedroht hat. Von einem Rechtsbruch kann hier keine Rede sein. Klar?«

»Klar wie Kloßbrühe«, erwiderte Young Col grinsend. »Aber wenn Kurt und Mrs. Brentner nach Hause kommen...« Col schwieg und pfiff durch die Zähne.

»Bevor die Brentners nach Hause kommen, hat Captain Tessa vielleicht schon wieder zurückgebracht«, erklärte Bony. »Ich halte es für möglich, daß die beiden bis zum Frühstück zurück sind. Vielleicht kommen sie sogar schon eher wieder. Sie laufen wahrscheinlich durch die Nacht. Also – wie die Herren Militärs zu sagen pflegen: die Lage ist undurchsichtig.«

»Allerdings, Bony. Der Richtung nach scheinen sie zu den Paradise Rocks zu wollen. Das sind fünfundsechzig Meilen, aber dazwischen gibt es kein Wasser. Captain wird bei Maundins Wilden Unterschlupf suchen, da möchte ich wetten. Er wird nicht den Mut besitzen, jetzt den Brentners gegenüberzutreten.«

»Da mögen Sie recht haben.«

»Sie sagten vorhin zu Howard, daß Sie vielleicht nicht hier sein werden, wenn er eintrifft. Was haben Sie vor?«

»Ich werde kurz vor Tagesanbruch losreiten. Ich brauche Ihr

bestes Pferd. Können Sie es bereithalten? Ich werde jetzt einen Bericht für Howard schreiben, und dazu brauche ich von Ihnen noch einige Informationen.«

»Sie wollen nicht etwa allein reiten? Sie werden doch auf Howard und seine Tracker warten? Zum Teufel, mit den Wilden ist nicht zu spaßen!«

»Sehen Sie, es hat am Deep Creek eine Explosion gegeben, und die Scherben sind über die ganze Station verstreut worden«, sagte Bony ruhig und betont zuversichtlich. »Nun müssen wir retten, was zu retten ist.«

Er studierte nochmals die Karte und winkte Young Col heran. Sie sprachen die Wasserstellen für das Vieh durch und die natürlichen Wasserstellen in Felslöchern, die Young Col bekannt waren, die Entfernungen und markanten Punkte. Obwohl Bony hoffte, daß Captain Tessa freiwillig zurückbrachte, mußte er doch mit der Möglichkeit rechnen, daß Captain dem Gesetz zu trotzen wagte.

Er schickte Young Col zu Jim Scolloti und ließ sich Fleisch, Brot, Tee, Zucker und einige Stücke Preßtabak besorgen. Um zehn Uhr ging er ins Camp und weckte Gup-Gup und Poppa. Eine Stunde lang hockte er mit ihnen an dem kleinen Feuer des Häuptlings. Als er sich verabschiedete, hatte er ihre Zustimmung erhalten, bei Sonnenaufgang gewisse Dinge zu tun.

Young Col schlief im Büro in einem Sessel. Bony ließ ihn schlafen, während er Captains Notizbücher durchsah und einen Brief an Wachtmeister Howard und einen zweiten an Rose Brentner schrieb. Young Col schlief immer noch in seinem Sessel, als Bony das Herrenhaus verließ, das Pferd bestieg und hinaus in die Wüste ritt. Am Himmel dämmerte der neue Tag, und über Luzifers Couch flammten die Sternschnuppen auf.

24

Als der Tag anbrach, stand Bony neben dem Rotschimmel an der Stelle, wo er Captain und Tessa zuletzt gesehen hatte. Im Sand waren ihre Spuren gut zu erkennen. Nach rückwärts verlief diese Spur über einen Abhang, bis sie sich in dem Buschwerk am Nordrand der Wüste verlor. Vor ihm führte die Spur in die Wüste, die sich bis zum Horizont dehnte.

Er hatte das Pferd im Schritt gehen lassen. Auf diese Weise schonte er die Kräfte des Tieres, und außerdem befand er sich am Beginn der Spur, als es hell genug wurde, sie zu erkennen. Ungefähr drei Meilen von der Farm entfernt, stieg er wieder in den Sattel. Nun ließ er das Pferd einen leichten Galopp einschlagen, so daß er die Spur nicht verlieren konnte.

Das Mädchen würde auf jeden Fall der schwächere Partner sein. Sie hatte bisher ein wohlbehütetes und bequemes Leben geführt. Sie hatte sich daran gewöhnt, Schuhe zu tragen. Sie war bis zur Erschöpfung gerannt, bevor sie mit Captain diesen Marsch angetreten hatte. Und wie die Spuren verrieten, denen Bony nun folgte, marschierte sie immer noch weiter.

Licht und Schatten fehlten noch, die Savanne lag in einem eintönigen Grau, und das niedrige, glasspröde Buschwerk schien schon eine Million Jahre alt zu sein. Dann stieg der Feuerball der Sonne über den Horizont, und der steinige Boden glitzerte weiß und silbrig und bernsteinfarben, der Busch zitterte und begann zu atmen, und selbst die Sandkörner regten sich. Wenn man aufmerksam lauschte, konnte man ein leises Singen hören, als der Sand von der Sonne erwärmt wurde.

Bisher waren zwei Spuren zu sehen gewesen, doch plötzlich nur noch eine: die Spur des Mannes. Das Mädchen war nun zu erschöpft, und der Mann hatte es sich über die Schulter geladen. Diese Spur lief weiter nach Süden, endlos über leichten Sand und harten Fels. Plötzlich erhob sich vor Bony eine lange, flache, rötliche Düne. Sie war kaum anderthalb Meter hoch, vom Wind zerfurcht, und keine einzige Pflanze wuchs auf ihr.

Am gegenüberliegenden Hang der Düne endete die Spur, der Sand war aufgewühlt und erzählte eine Geschichte. Diese Geschichte begann gegen Mitternacht, als die Luft sehr kalt wurde. Wie dereinst ihre wilden Vorfahren, hatten sie sich ein Loch gegraben, sich hineingelegt und den Sand über sich geschaufelt, bis nur noch ihre Köpfe herausschauten. In diesem verhältnismäßig warmen Bett hatten sie geschlafen.

Die Düne verlief von Ost nach West, und dahinter erhoben sich weitere Sandwellen, die durch schmale Lehmstreifen voneinander getrennt waren. Bony sah die Doppelspur, die über die nächste Düne führte, und von dort aus zur übernächsten. Er war überzeugt, daß die beiden Flüchtigen noch vor Tagesanbruch weitergezogen waren. Als er die Böschung der letzten Düne hinabritt, gelangte er an den Rand eines Meeres aus Tussokgras, das sich grau und wie abgestorben vor ihm dehnte. Selbst für einen erfahrenen Tracker waren hier keine Spuren zu erkennen.

Nach Westen dehnte sich dieses Grasmeer bis an den Horizont, nach Süden und Osten aber reichte es nur eine Meile weit. Dann kam ein ungefähr zwölf Meter breiter betonharter Streifen aus weißem Lehm. Völlig bewegungslos lag die graue Grasfläche vor Bony, nur ein paar Krähen flatterten auf, sie interessierten sich vermutlich für einen toten Leguan oder eine Schlange. Captain und Tessa mußten diese Grasfläche überquert haben, bevor Bony die letzte Düne erklommen hatte.

Nachdem er das Grasmeer passiert und die Lehmfläche erreicht hatte, stieg Bony ab und drehte sich eine Zigarette. Er blickte zurück nach Norden und sah die Rauchsignale, die Gup-Gup auf sein Geheiß aufsteigen ließ. Drei Signale wurden im gleichen Abstand wiederholt. Die Farm konnte Bony von hier aus nicht sehen, und die Kimberleyberge lagen wie eine graubraune Felsbarriere am Horizont. Er befand sich ungefähr vierzehn Meilen südlich von Deep Creek, so daß es noch fünfzig Meilen bis zu den Paradise Rocks sein dürften.

Young Col hatte ihm gesagt, daß es um diese Zeit nördlich der Paradise Rocks kein Wasser gab, aber Young Col kannte nicht die geheimen Wasserstellen der Eingeborenen, die diese eifersüchtig hüteten. Captain aber würde sie finden, und er mußte deshalb nicht unbedingt bis zu den Paradise Rocks gehen. Deshalb konnte er mit Tessa die Grasfläche in jeder beliebigen Richtung verlassen haben, um sich der Verfolgung durch die Polizei zu entziehen. Gup-Gups Signale allerdings würden einen Strich durch Captains Pläne machen, denn diese Signale forderten die Wilden auf, die beiden Ausreißer zu fangen und ins Camp am Deep Creek zu bringen. Captain fühlte sich jetzt bestimmt von seinen eigenen Leuten verraten. Es hing nun alles davon ab, wie weit entfernt er sich noch von Maundins Stamm befand.

Captain hatte auf der Flucht nirgends angehalten, um seine Spuren zu verwischen. Er kannte die Gegend sehr genau, und so wußte er auch, wo er seine Verfolger abschütteln konnte. Das Vieh hatte das Gras abgefressen, und die kurzen, harten Stengel ragten wie die Borsten einer Drahtbürste aus dem Boden. Captain mit seinen harten Fußsohlen würde das nichts ausmachen, aber für Tessa mit ihren zarten Füßen würde es unmöglich sein, darüber hinwegzulaufen, und so mußte er sie wohl oder übel tragen. Es sei denn, er würde die harte Lehmfläche benützen, auf der selbst ein Elefant keinen Abdruck hinterlassen hätte.

Bony dachte noch einmal an seine Konferenz mit Gup-Gup, die am späten Abend stattgefunden hatte. Obwohl der Häuptling sehr wortkarg gewesen war, hatte Bony doch herausgefunden, daß die Wilden ihre verschiedenen geheimen Plätze nach einem festen Plan besuchten. Dieser Plan richtete sich nach den Jahreszeiten. Maundin mußte also mit seinem Stamm in einem Camp sein, das ungefähr neunzig Meilen entfernt im Südwesten lag, um dort ein Corroboree abzuhalten. Der Häuptling hatte gesagt, daß auch Captain dies wisse, und wenn er die Rauchsignale sah, würde er sich gewiß nach Südosten zu den Paradise Rocks wenden.

Bony ritt am östlichen Ende der Grasfläche den Lehmstreifen ab und kam zu der schwach sichtbaren Autospur, die von der Farm zu den Paradise Rocks führte. Die Wüste dehnte sich nun vor ihm in endlosen Wellen.

Außer der Fahrspur waren keine anderen Spuren zu entdekken, doch Bony war deshalb nicht enttäuscht. Er war überzeugt, daß Captain sich nicht damit aufhalten würde, seine Spuren zu verwischen. Er mußte unbedingt die Paradise Rocks erreichen und hatte dabei zwei Bürden zu tragen: einmal das Wissen, daß sein Großvater nicht mit seiner Flucht einverstanden war, und zum anderen ein Mädchen, das von der Zivilisation verweichlicht war.

Paradise Rocks – und dann? Hinter den Paradise Rocks gab es für Captain nichts als Durst und Hunger. Er würde gezwungen sein, sich nach Westen zu wenden, und da würden ihn Maundins Leute fangen und in sein eigenes Camp zurückbringen. So ungefähr dürfte Captain seine Situation sehen, und Bony hoffte, daß er deshalb mit Tessa freiwillig zur Farm zurückkehren würde. Ohne Waffe konnte Captain keine Beute machen, wenn auch das Wasser an den Paradise Rocks auf Vögel und Tiere wie ein Magnet wirken mußte.

Es hätte Bony deshalb nicht weiter überrascht, wenn Captain und das Mädchen ihm plötzlich entgegengekommen wären. Dennoch rechnete Bony ebenso mit der Möglichkeit, daß Captain sich unterwegs versteckt hielt, um Bony vorbeireiten zu lassen und sich dann heimlich zum Camp am Deep Creek zurückzuschleichen.

Am späten Vormittag endlich fand Bony eine Spur, abseits vom Autopfad. Sie verriet ihm, daß sich die Ausreißer immer noch vor ihm befanden und daß Tessa auch jetzt noch lief. Aber der Vorsprung konnte nicht mehr sehr groß sein.

Gegen Mittag wurden die Luftspiegelungen unerträglich, und das gleißend reflektierte Licht blendete schmerzhaft die Augen. Nichts Lebendiges bot Ablenkung, konnte den Schein des Unwirklichen bannen. Schließlich kam Bony zu einer weiten, mit spärlichen Salzdornbüschen bestandenen Ebene, aus der die von einem Buschbrand geschwärzten Stümpfe von Sumpfgummibäumen aufragten, und er fühlte geradezu Erleichterung über diese Abwechslung.

Die Baumstümpfe waren verschieden hoch und hatten die unterschiedlichsten Formen. Einige standen ganz schief und drohten, vom nächsten Sturm umgeworfen zu werden, während sich bei anderen weggewehte Stachelgrasbüschel verfangen hatten, so daß sie wie riesige Strohhaufen wirkten. Zwei von diesen Baumstümpfen erregten Bonys Aufmerksamkeit. Er vermied es jedoch, auffällig hinüberzusehen.

Sie standen dicht beieinander und fielen allein dadurch schon auf, weil die übrigen Bäume alle weit auseinander standen. Der eine Baumstumpf stand aufrecht, während sich der andere bereits zur Seite neigte und beim nächsten Windstoß umzufallen drohte. Sie waren ungefähr hundert Meter von dem Autoweg entfernt.

Bony ritt weiter, ein Reiter, der nichts anderes im Sinn hatte als möglichst schnell die Wasserstelle der Paradise Rocks zu erreichen. Dabei ließ er aber die beiden Baumstümpfe nicht eine Sekunde aus den Augen. An dem aufrechten Stamm befand sich ein vom Feuer geschwärzter Ast, während sich am oberen Ende des halb umgekippten Stammes ein dicker Klumpen Stachelgras verfangen hatte.

Das dichte Nebeneinander paßte nicht zu dem Bild dieser trostlosen Öde, und Bony bog ab, um sich die Sache einmal aus der Nähe anzusehen. Sicher war es nur Zeitverschwendung. Er zügelte sein Pferd, starrte auf die Baumstümpfe und kam sich dabei ein wenig dumm vor. Schließlich bringt die Natur manches Ungewöhnliche hervor.

Er stieg ab, band sein Pferd an einen Stamm und zog das Gewehr aus dem Sattelhalfter. Er richtete es auf den aufrecht stehenden Baumstumpf und kam sich wieder reichlich dumm vor. Aber er wollte sich doch vergewissern. Als er sich auf fünfzehn Meter genähert hatte, zitterte plötzlich der aufrecht stehende Stumpf, der Ast klappte herunter. Der Baum schien sich zu drehen und bekam das Profil eines Menschen, und dann stemmte Captain die Hände in die Hüften, während der andere Stumpf langsam zusammensank und stillag.

»Was wollen Sie denn hier, Inspektor?« rief Captain spöttisch.

»Ich werde Ihnen eine Kugel ins Bein jagen, wenn Sie nicht genau das tun, was ich Ihnen sage«, erwiderte Bony. »Ich habe

Wasser und etwas zu essen und ein Geschenk für Tessa. Folgen Sie mir jetzt zum Pferd.«

Bony ging rückwärts zu seinem Pferd und richtete das Gewehr auch weiterhin auf Captain, der ihm zögernd folgte. Er löste mit der freien Hand ein Päckchen vom Sattel und winkte Captain, näher zu kommen. Dann warf er dem Eingeborenen das Päckchen zu.

»Bringen Sie das Tessa. Sie wird es brauchen.«

Captain gehorchte, und Bony beobachtete, wie der umgefallene Baumstumpf aufstand. Tessa zog sich Rock, Bluse und Schuhe an, wobei sie ihm den Rücken zukehrte. Bony verfolgte damit einen ganz bestimmten Zweck. Er hatte beobachtet, wie das Mädchen gestern auf ihrer Flucht diese Kleidungsstücke abgestreift und sich dabei wieder in die primitive Eingeborene verwandelt hatte. Nun hoffte er, daß sie sich wieder in das gebildete Mädchen von der Farm verwandelte, sobald sie die gewohnte Kleidung anzog.

Bony schob mit den Füßen einige Äste zusammen und zündete sie an. Er schnallte den Kessel vom Sattel, füllte ihn aus dem Wassersack und setzte ihn auf das Feuer.

»Kommt herüber und trinkt erst mal Tee«, rief er den beiden zu.

Tessa kam sofort. Sie hinkte und war offensichtlich völlig erschöpft. Captain aber lehnte die Einladung ab. Tessas Haar war zerzaust, ihr Gesicht verschwitzt und staubbedeckt. Ihre großen Augen waren sandverkrustet. In dem eleganten Rock und der hellblauen Bluse sah sie rührend hilflos aus. Bony befeuchtete ein Taschentuch, und Tessa drohte in Tränen auszubrechen, als er ihr vorsichtig das Gesicht säuberte. Er holte einen Kamm aus der Tasche und reichte ihn ihr mit einem aufmunternden Lächeln.

»Es wird schon alles gut, Tessa«, tröstete er. »Doch nun müssen wir Captain dazu bringen, mit uns auf Wachtmeister Howard zu warten. Zunächst gibt es etwas zu essen und Tee mit viel Zucker. Das werde ich herrichten, und Sie holen inzwischen Captain.«

Vierundzwanzig Stunden war es nun her, seit das Mädchen in

das Staubecken geworfen worden war. Da hatte sie wohl das letzte Wasser geschluckt, aber Bony hatte ihr absichtlich kein Wasser zu trinken gegeben. Tessa ging zu Captain hinüber, und Bony konnte sehen, wie sie beschwörend auf ihn einredete, während er ein finsteres Gesicht machte. Bony warf Teeblätter in den Kessel und nahm ihn vom Feuer. Nach einer Minute goß er die Hälfte in den Deckel des Kochgeschirrs.

»Was ist eigentlich los?« rief er schließlich. »Kommt endlich und trinkt euren Tee.«

Tessa packte den widerstrebenden Captain an der Hand und brachte ihn zu Bony, der das Verpflegungspaket öffnete.

»So, hier«, sagte er. »Der Deckel für die Dame, das Kochgeschirr für den Herrn. Zucker nach Belieben. Der Löffel ist hier. Ihr müßt ja halb verhungert sein.«

Wortlos hockte sich Tessa nieder, doch dann korrigierte sie sich sofort und setzte sich auf den Boden, wobei sie den Rock über die Knie zog. Ohne Bony anzublicken, nahm sie den Kochgeschirrdeckel und nippte gierig an dem heißen Tee. Captain hatte sich neben ihr auf die Fersen gehockt und trank das heiße Gebräu. Dann aßen sie, während Bony sich eine Zigarette drehte.

Als sie fertig waren, holte Captain ein Stück Preßtabak, Papier und Streichhölzer aus der Hosentasche. Er betrachtete das Papier kurz und warf es ins Feuer, denn es war bei dem Bad im Staubecken naß geworden. Bony bot ihm Tabak und Papier an, und als Captain sich die Zigarette angezündet hatte, fragte er:

»Und wohin gehen wir von hier aus?«

»Zurück zur Farm«, erwiderte Bony. »Haben Sie nicht Gup-Gups Signale gesehen?«

»Der Alte scheint verrückt zu werden«, brummte Captain und blickte Bony unter heruntergezogenen Lidern hervor an. »Und Sie ebenfalls, Inspektor. Wie ich sehe, haben Sie das Gewehr in das Halfter zurückgesteckt, und dabei kann ich Sie jederzeit überwältigen. Das Gewehr brauche ich dringend. Sie werden mich nicht verhaften, schlagen Sie sich das aus dem Kopf.«

»Sie verhaften? Ich verhafte nur selten jemanden. Seit Jahren

175

habe ich niemanden mehr verhaftet. Das überlasse ich anderen – in unserem Fall also Wachtmeister Howard oder Maundins Schwarzen. Gestern abend, spät, hatte ich noch eine Unterredung mit Gup-Gup, nachdem ich aus Ihren Aufzeichnungen die ganze Geschichte erfahren hatte. Wir kamen zu einem vernünftigen Übereinkommen. Im Grunde genommen läuft es darauf hinaus: Der Stamm wird aus allem herausgehalten, und dafür nehmen Sie das Risiko auf sich, ein paar Jahre ins Gefängnis zu gehen. Ich sagte ausdrücklich ›Risiko‹; denn ich bin durchaus nicht überzeugt, daß man Sie ins Gefängnis stecken wird. Ich werde jedenfalls alles tun, um es zu verhindern.«

Die Lider hoben sich, und Hoffnung flammte in den dunklen Augen auf.

»Mein Auftrag war es, herauszufinden, wieso dieser Unbekannte so tief in den Kimberleydistrikt eindringen konnte, ohne daß seine Anwesenheit gemeldet wurde. Außerdem sollte ich herausfinden, was er hier gewollt hat. Die Leute, die mir diesen Auftrag erteilten, haben kein Interesse daran, wer ihn getötet hat. Die westaustralische Polizei dürfte sich allerdings dafür interessieren, und es ist ihre Angelegenheit, den Mörder zu verhaften. Ich nehme an, für Sie ist jetzt das größte Problem, wie Sie den Brentners klarmachen wollen, weshalb Sie Tessa entführt haben.«

Captain musterte Bony sekundenlang. Dann blickte er auf das Mädchen, das in die Rauchspirale des ausgehenden Feuers starrte. Wortlos bat er um Tabak und rollte sich eine Zigarette, doch da blickte Tessa auf.

»Ich bin nicht entführt worden, Bony, ich bin freiwillig mitgegangen. Anstatt mich mit Schlägen gefügig zu machen, gestand mir Captain seine Liebe, und als er mich an der Hand nahm, da merkte ich, daß ich ihn gar nicht verachtete, sondern daß auch ich ihn liebe. Und da liefen wir gemeinsam durch die Hintertür ins Paradies.«

Tessa lächelte, und die Müdigkeit schwand aus ihren Zügen, doch Captain machte immer noch ein finsteres Gesicht. Bony blickte rasch zur Seite.

»Das vereinfacht die Situation beträchtlich«, sagte er. »Nun können wir Wachtmeister Howard bitten, Sie zu trauen. Ich sehe schon die Staubfahne von seinem Jeep.«

Sie erhoben sich und beobachteten den schwarzen Punkt, der sich rasch näherte, während die tief im Westen stehende Sonne blutrot durch die aufsteigende Staubfahne leuchtete. Captain packte Bony am Arm.

»Ich werde mich stellen, wenn Tessa es will.«

»Natürlich will ich es«, rief Tessa heftig, und dann lachte sie. »Denke daran, du hast dich mir aufgezwungen, und nun mußt du mich heiraten!«

Captain ließ Bonys Arm los und faßte Tessa an der Hand. Dann warteten sie schweigend auf Oberwachtmeister Howard.

25

Bonys Briefe, die er Howard und den Brentners hinterlassen hatte, sorgten dafür, daß die Heimkehr der beiden Ausreißer völlig unauffällig vor sich ging. Niemand stand am Gartentor, als der Jeep ankam. Die Kinder waren nicht zu sehen und Mr. Lamb an einen Kastanienbaum gebunden. Kein Eingeborener lungerte bei den Schuppen herum. Lediglich Rose Brentner stand auf der Seitenveranda. Und in diesem Augenblick schlug Jim Scolloti auf den Triangel, um zum Abendessen zu rufen.

»Captain, ich erwarte, daß Sie jetzt vernünftig sind«, sagte Bony. »Waschen Sie sich und warten Sie in Ihrem Häuschen, bis Sie gerufen werden.« Er faßte das Mädchen am Arm. »Tessa, Sie kommen mit mir, aber scharren Sie nicht so nervös mit den Füßen.«

Tessa hatte Angst, wieder ins Camp zurückgeschickt zu werden, und als Bony sie zur Veranda führte, spürte er, wie sie am ganzen Leibe zitterte, und er drückte ihr beruhigend die Hand.

Rose war ganz ruhig, und ein lange zurückliegendes Ereignis schien sich zu wiederholen, als sie Tessa bei der Hand nahm und ins Bad führte.

Es war keine Zeit mehr, sich für das Abendessen, an dem diesmal weder Tessa noch die beiden kleinen Mädchen teilnahmen, umzukleiden. Die Mahlzeit verlief in tiefem Schweigen. Kurt Brentner wollte lediglich wissen, was mit dem Pferd geschehen sei, und Howard erklärte ihm, daß einer seiner schwarzen Spurensucher es zurückbrachte. Nach dem Essen bat Brentner den Wachtmeister und Bony in sein Büro.

»Wie weit waren die beiden denn schon?« wollte er wissen.

»Sie hatten ungefähr vierzig Meilen zurückgelegt und befanden sich auf dem Weg zu den Paradise Rocks. Tessa war völlig erschöpft, und ich glaube, auch Captain hatte genug. Es gab jedenfalls keine Schwierigkeiten.«

»Ich verstehe das alles nicht«, murmelte Brentner. »Paßt überhaupt nicht zu Captain, derart Amok zu laufen. Und Tessa rennt einfach mit ihm davon. Freiwillig, wie Jim und Young Col behaupten. Wir haben doch wirklich alles für die beiden getan.« Seine Stimme wurde scharf. »Was ist eigentlich geschehen, zum Donnerwetter!«

Bonys Augen blitzten auf.

»Das Schönste, was es auf Erden gibt: Wenn nämlich zwei Menschen unter stärkster seelischer Belastung erkennen, daß sie sich lieben. Es ist eine ziemlich lange Geschichte, und ich möchte die beiden dabeihaben, und Ihre Frau auch. Würden Sie bitte Captain rufen?«

Brentner stapfte mit grimmigem Gesicht aus dem Büro, und Howard blickte Bony fragend an. Er hatte die Augen zusammengekniffen, und der Mund bildete einen schmalen Strich.

»Diese Geschichte hat einige seltsame Aspekte«, sagte Bony. »Die weiteren Entscheidungen liegen nun bei unseren Vorgesetzten. Es dürfte deshalb von uns unklug sein, im Augenblick etwas zu unternehmen. Im Moment kann ich nur sagen, daß das Motiv für diesen Mord nicht unehrenhaft war.«

»Dann haben Sie den Fall also geklärt?«

»Ja, Howard. Ich hoffe, noch heute abend mit Ihnen hier abzufahren und morgen früh das erste Flugzeug zu nehmen.«

Rose trat mit Tessa ein, und Bony erklärte ihr, daß er noch an diesem Abend abreisen müsse und deshalb den Kindern noch gern auf Wiedersehen sagen wolle. Doch in diesem Augenblick traten Brentner und Captain ein.

»Da wir nun versammelt sind«, begann Bony, nachdem alle ihre Plätze eingenommen hatten, »möchte ich Sie inständig bitten, völlig offen zu reden. Nicht nur um Ihrer selbst willen, sondern auch im Interesse der anderen. Meine Ermittlungen wegen des unbekannten Toten waren nicht sehr schwierig, und es hat mir viel geholfen, daß Captain die Geschichte seines Stammes schreibt. Außerdem hat es mir weitergeholfen, daß er so jähzornig ist. Das sollte er sich abgewöhnen.«

Captain hatte bisher auf seine blendendweißen Tennisschuhe gestarrt und blickte nun Bony an. Sein Gesicht verriet keine Regung.

»Es ist allgemein bekannt, daß die Indonesier Holländisch-Neuguinea als einen Teil ihres Gebietes beanspruchen, und wir wissen, daß sie dieses Gebiet nun auch erhalten. Die Indonesier sind außerdem überzeugt, daß sie später auch noch die andere Hälfte, die von Australien verwaltete Hälfte der Insel, bekommen. Doch auch das wird ihnen noch nicht genügen, und eines Tages werden sie die nördliche Hälfte von Australien verlangen. Diese Ansicht hat Captain jedenfalls in seinen Tagebüchern vertreten, und er hat ja, wie wir alle, das Recht auf freie Meinungsäußerung. Fast genau vor einem Jahr schickten die Indonesier hier in diese Gegend ihre Abgesandten, die mit den Eingeborenenstämmen Kontakt aufnehmen sollten. Ihre Aufgabe bestand darin, den Eingeborenen die Befreiung zu versprechen. Der weiße Mann sollte vertrieben und seine Vorratslager sollten geöffnet werden. Damit wollte man den Abos einreden, sie würden auf diese Weise uneingeschränkte Nahrungsmittelvorräte und Tabakrationen erhalten. Das Emblem dieser mysteriösen Befreiungsarmee ist ein Elfenbeinbuddha.«

Bony schwieg und musterte Captain.

»Als zwei dieser Agenten zum Deep Creek kamen, wurden sie feindselig empfangen, es kam sogar zum offenen Kampf. Captain wurde dabei zusammengeschlagen, und Mr. Brentner notierte dies in seinem Tagebuch. Zweifellos ist Captain recht intelligent, aber es mangelt ihm doch an einer gewissen Klugheit. Hätte er gemeldet, was diese beiden Fremden hier gewollt hatten – Mr. Brentner hielt sie für Eingeborene –, wäre es wohl kaum zu den folgenden Ereignissen gekommen. Und hätte Mr. Brentner darauf bestanden, die Ursache der Schlägerei zu erfahren, anstatt sie als Angelegenheit der Eingeborenen abzutun, würden wir uns ebenfalls nicht in der gegenwärtigen Misere befinden. Offensichtlich sind beide, sowohl Mr. Brentner als auch Captain, fest entschlossen, für den Stamm am Deep Creek den Status quo zu erhalten. Der eine bekommt auf diese Weise die benötigten Arbeitskräfte, während der andere seine Leute vor den schlechten Einflüssen der Weißen zu schützen glaubt. Gestatten Sie mir eine kleine Abschweifung. Einige Jahre nach dem Krieg hörte ich eine Sage, die davon handelte, daß der weiße Mann aus Australien vertrieben wird. Danach käme für eine lange Zeit der braune Mann, der ein großer Freund der Schwarzen sei. Diese Sage gelangte auch zum Deep Creek. Tessa hat sie aufgezeichnet. Aber diese Sage ist nicht echt, denn die echten Eingeborenensagen enthalten niemals eine Prophezeiung. Kurzum, diese Sage wurde überall verbreitet, um für die indonesischen Absichten den Boden vorzubereiten. Und nun sagen Sie mir, Captain, wie Sie in den Besitz des Elfenbeinbuddhas gelangten. Er steckte unter Ihrer Matratze.«

Captain richtete sich kerzengerade auf. »Einer dieser Fremden trug ihn um den Hals. Ich riß ihn ab. Und den zweiten, den Sie im Schatzhaus des Stammes gesehen haben, nahm Poppa dem anderen ab.«

Captain lächelte. »Als die beiden Kerle abzogen, haben sie bestimmt nicht mehr an ihre Buddhas gedacht.«

»Diesen beiden folgte nun der Mann, der tot auf Luzifers Couch gefunden wurde«, fuhr Bony fort. »Ich weiß nicht, wer es ist. Unsere Abwehr hat ihn identifiziert, und sie wird ihre Gründe haben, mich nicht einzuweihen. Immerhin hat Captain in seinen Aufzeichnungen die Meinung vertreten, daß er Engländer, wahrscheinlich Australier war. Er sei Sprachforscher und eine Koryphäe in Eingeborenendialekten gewesen, und er war auch noch in anderer Hinsicht ein ungewöhnlicher Mann. Er brachte es fertig, durch das ungastliche Gebiet von ganz Australien zu wandern, ohne auf Opposition zu stoßen – bis er schließlich zum Deep Creek kam. Nicht zum Hauptlager, sondern zu dem geheimen Lager, das zwei Meilen bachabwärts liegt. Er war Agent einer fremden Macht; denn auch er besaß einen kleinen Elfenbeinbuddha. Was geschah nun? Er begleitete Maundin, als dieser wilde Gentleman Gup-Gup einen Besuch abstattete. Zu Maundin war er von einem weiter südlich lebenden Stamm gebracht worden. Er ist also nicht über einen Hafen eingereist, sondern – das geht aus seinen Papieren hervor – von New South Wales über Innaminka gekommen. Captain war dabei, als der Fremde in dem geheimen Camp mit den Stammesältesten sprach. Dabei geriet Captain in Wut, weil dieser Mann versprach, daß schon bald der braune Mann kommen werde, um die Weißen zu töten, die Vorratslager zu öffnen und Gewehre auszuteilen, damit alles Vieh erschossen werden könnte. Captain hat berichtet, daß dieser Mann den Dialekt des hiesigen Stammes fließend gesprochen habe und auch wie ein Eingeborener denken konnte. Seine Aufgabe war es, die Saat aufgehen zu lassen, die seine beiden Vorgänger – die später in Derby verhaftet worden waren – durch die Verbreitung der falschen Sage gelegt hatten. Anscheinend kam dieser Mann nun bei einem Unfall ums Leben. Bei der Abschiedszeremonie gaben die Eingeborenen eine Vorstellung mit dem Bumerang. Captain war nicht anwesend, aber er hat in sein Tagebuch geschrieben, daß der Weiße, anstatt dem zurückkehrenden Bumerang auszuweichen, davonlief und am Hinterkopf getroffen wurde. Nun steht Captain bei seinem Stamm in dem Ruf, alles in Ordnung bringen zu können, und deshalb holte man ihn. Anstatt den Vorfall der Polizei zu melden, die den Fall untersucht haben würde – möglicherweise wären ein paar Männer für kurze Zeit ins Straflager geschickt worden –, entschloß er sich, die Leiche zu beseitigen, da ja niemand wußte, wer dieser Mann war oder woher er kam. Gup-Gup und Poppa wollten aber nicht zulassen, daß er auf Stammesgebiet beerdigt wurde, da die Erde geheiligt ist. Es gibt aber eine Stelle, die für den Stamm unwichtig ist, und deshalb hatte niemand etwas dagegen einzuwenden, daß der Tote zu Luzifers Couch gebracht wurde. Zum Krater kamen nur äußerst selten Weiße, und man beabsichtigte, die Geschichte so darzustellen, als sei dieser Mann an Durst und Entkräftung gestorben. Das erklärte auch, warum er nichts bei sich hatte. Ein Verdurstender wirft ja bekanntlich alles ab. Captain schnitt zwei Jungstämme ab, wozu er eine Säge aus der Tischlerwerkstatt benützte, weil man die Axtschläge auf der Farm gehört hätte. Die Männer trugen Mokassins und wickelten außerdem noch Säcke um ihre Füße, um keine Spuren zu hinterlassen, als sie in der Nacht den Toten zu Luzifers Couch brachten. So, das wäre wohl alles.«

Bony schwieg und drehte sich eine Zigarette.

»Wozu diese beiden Jungstämme?« fragte Rose Brentner schließlich.

»Daraus wurde eine Bahre angefertigt«, erwiderte Bony.

»Ach! Die muß doch aber von zwei Männern getragen worden sein. Und wer war der zweite Mann?«

26

Bony überhörte Rose Brentners Frage und wandte sich statt dessen an Captain.

»Ihr Notizbuch und der unter Ihrer Matratze versteckte Buddha bestätigen Ihren Bericht über die Tätigkeit dieser fremden Agenten. Und doch paßt die Bumeranggeschichte nicht so recht zu den Tatsachen. Vor allem wundere ich mich, warum Sie diesen Vorfall schriftlich festgehalten und die Gegenstände aufgehoben haben. Nach der Tinte zu schließen, haben Sie die Niederschrift doch erst angefertigt, nachdem ich hier aufgetaucht war. Da liegt der Schluß nahe, daß die Geschichte mit dem Bumerang erfunden ist.«

Captain blieb ruhig auf seinem Stuhl sitzen. Sein Gesicht verriet zwar Interesse, doch seine Augen waren ausdruckslos.

»Haben Sie sich am Funkapparat zu schaffen gemacht, als man vom Flugzeug aus den Toten im Krater entdeckt hatte?«

»Ja. Ich wollte verhindern, daß Wachtmeister Howard sofort kam. Gup-Gup ordnete eine Buschwanderung an, aber ich wollte etwas Zeit gewinnen, um ihn zu überzeugen, daß dies grundverkehrt war. Er wollte aber nicht auf mich hören, und da mußte ich zur Farm zurück, um den Funkapparat wieder in Ordnung zu bringen, bevor Mr. Leroy eintraf. Ich hatte große Schwierigkeiten, Tessa den Lubras zu entreißen; denn Poppa hatte ihnen befohlen, sie unbedingt festzuhalten.«

»Das paßt schon eher, Captain. Und nun sagen Sie mir, warum Sie Mitti zu Eddy's Well geschickt haben, als ich mit Young Col hinausritt.«

»Um zu erfahren, was Sie da draußen wollten – weiter nichts. Ich mußte ganz einfach über alles Bescheid wissen, was Sie taten.« Captain schlug die Beine übereinander und blickte zu Tessa, als suche er bei ihr ein Lob für seine bewiesene Umsicht.

»Diese Geschichte kostete die Farm ein wertvolles Pferd und eine Menge Zeit, in der danach gesucht wurde. Ich habe beobachtet, wie Poppa und seine Leute das Tier zerlegt und in den stillgelegten Schacht geworfen haben. Sie neigen dazu, die anderen zu unterschätzen, Captain. Sie könen nicht abwarten. Als ich nur einen kleinen Anstoß gab, mußten Sie sofort etwas unternehmen. Und nun sagen Sie mir: Wer war der zweite Mann, der den Toten mit in den Krater getragen hat?«

»Das werde ich niemals verraten«, erklärte der Eingeborene entschlossen.

»Doch, du wirst es tun«, rief Tessa. »Denke daran, was Inspektor Bonaparte gesagt hat: Es ist das beste, wenn jeder die volle Wahrheit spricht.«

»Damit würde ich die ganze Geschichte weder besser noch schlechter machen. Also versuche nicht, mich zu beeinflussen.« Captain blickte wieder zu Bony. »Ich bin bereit, die Verantwortung dafür zu übernehmen, daß die Leiche in den Krater gebracht worden ist. Ich habe nur getan, was mir für meine Leute das beste schien.«

»Und ich tue, was mir für Ihre Leute das beste scheint«, entgegnete Bony. »Ich glaube, Ihre Geschichte mit dem Bumerang ist so weit hergeholt, daß sie Ihnen niemand abnehmen wird. Was meinen Sie, Howard?«

»Für meinen Geschmack ist sie zu weit hergeholt, Inspektor.«

»Captain, ist Ihnen klar, daß Sie mit dieser Bumeranggeschichte Ihren gesamten Stamm mit hineinziehen?«

»Es war ein Unfall.«

»Wenn Sie dabei bleiben, werden es Ihre Leute auszubaden haben«, versicherte Howard.

»Darf ich etwas fragen?« mischte sich Brentner ein, und Bony nickte. »Warum sind Sie eigentlich an diesem Tag mit Young Col zu Eddy's Well geritten? Anscheinend begannen doch für Captain die ganzen Schwierigkeiten erst, als er Mitti hinausschickte.«

»Da haben Sie völlig recht, Mr. Brentner. Ich habe Young Col lediglich begleitet, um wieder einmal auf einem Pferd zu sitzen und mir die Landschaft anzusehen.«

»Da siehst du, was du für ein Narr bist«, wandte sich Brentner an Captain.

»Es hat die Gesellschaft ein Pferd gekostet, und außerdem wurde der ganze Stamm mit hineingezogen.«

»Ich war ebenfalls ein Narr«, gab Bony offen zu. »Ich habe mehrere Fehler gemacht. So habe ich zum Beispiel blind dem ärztlichen Gutachten vertraut. Darin hieß es, der Mann sei mindetens drei, höchstens sechs Tage tot gewesen. Ich konzentrierte mich also ganz auf die fraglichen sechs Tage. Ich hatte zwar die Fotos gesehen, die eher darauf hinzudeuten schienen, daß der Mann erst drei Tage tot war, doch ich hätte daran denken müssen, daß da unten im Krater die Luft absolut trocken ist. Als man die Leiche entdeckte, war der Mann bereits sieben Tage tot. Er starb am zwanzigsten April. Zufällig ist dies Tessas Geburtstag. Am Nachmittag reparierte Captain in der Tischlerei Rosies Handarbeitskästchen und entnahm bei dieser Gelegenheit die Säge, mit der die beiden Stangen zurechtgesägt wurden. Es war

184

an dem Tag, Mr. Brentner, an dem Sie nach Laffer's Point gefahren waren, um die Pumpen zu reparieren. Sie kehrten erst spät in der Nacht zurück. Um welche Zeit wohl?«

»Sehr spät. Ungefähr Mitternacht. Der Buschpfad ist äußerst schlecht.«

»Sie hatten die Pumpen repariert?«

»Ja, deshalb kam ich ja so spät nach Hause.«

Rose Brentner musterte ihren Mann und wandte sich dann lächelnd an Bony.

»Das stimmt, Inspektor. Ich erinnere mich. Kurt hat mir noch gesagt, daß er bis zum Dunkelwerden an den Pumpen gearbeitet hat.«

»Wurde die Pumpe von Laffer's Point aber nicht bereits zwei Wochen zuvor ausgebaut und zur Reparatur nach Hall's Creek geschickt? Und wurde sie nicht erst eine Woche nach dem zwanzigsten April wieder eingebaut?«

Brentner sprang auf, und seine Augen funkelten wütend. Er blickte von Bony zu Captain, und der Eingeborene erhob sich langsam und stemmte die geballten Fäuste in die Hüften.

»Setzen Sie sich doch, Mr. Brentner«, sagte Bony ruhig.

»Captain hat zwar etwas unklug gehandelt, aber er war niemals untreu. Sie waren also an diesem Tag nicht bei Laffer's Point, Mr. Brentner?«

»Nein, ich war nicht dort.« Brentner setzte sich wieder und fuhr sich mit dem Taschentuch über die Stirn, während ihn Rose aus weitaufgerissenen Augen anblickte. »Wie Sie schon gesagt haben, Inspektor: Captain ist zwar ein Narr, aber nicht untreu – auch wenn er hinter meinem Rücken Mitti zu Eddy's Well geschickt hat. Ich nehme an, daß er mir alle Scherereien vom Hals halten wollte, oder daß er wieder einmal beweisen wollte, wie geschickt er alle Schwierigkeiten aus dem Weg räumen kann. Auf jeden Fall bin ich Manns genug, ihn die Suppe nicht allein auslöffeln zu lassen. Gleich am frühen Morgen – es war tatsächlich der zwanzigste April – erzählte mir Captain von diesem fremden Agenten und was er zu Gup-Gup und den anderen gesagt hatte. Ich ging also mit Captain hinaus in das geheime Lager. Ich hatte

mir vorgenommen, ruhig zu bleiben und den Mann lediglich
weiterzuschicken. Ich wollte nicht, daß unter meinen Eingeborenen Unruhe gestiftet wurde. Ich sagte dem Mann also, er solle
verschwinden, aber er begann sofort, mich wüst zu beschimpfen.
Da konnte ich mich nicht mehr beherrschen und versetzte ihm
einen Kinnhaken. Er kippte um und schlug mit dem Hinterkopf
auf eine Wurzel.«

»War Maundin anwesend?«

»Nein. Er war bereits am Vortag in sein Camp zurückgekehrt.
Ich hatte also plötzlich einen toten Agenten auf dem Hals, und
ich konnte es ja nicht einfach Captain überlassen, diese Geschichte zu regeln. Als wir den Toten beerdigen wollten, protestierten die Eingeborenen. Deshalb ließ ich von Captain die
beiden Stangen absägen. Ich blieb inzwischen bei Gup-Gup im
Camp. Ja, Rose, ich war der zweite Mann.«

»Aber warum haben Sie in Ihrem Tagebuch eingetragen, daß
Sie bei Laffer's Point waren? Ist denn dieses Tagebuch so wichtig?« fragte Bony kopfschüttelnd.

»Ja, es ist wichtig«, erklärte Brentner. »Am Ersten jeden Mo-
nats muß an die Hauptverwaltung unserer Gesellschaft ein Tä-
tigkeitsbericht eingesandt werden – den tippt meine Frau immer
auf der Schreibmaschine.«

Der Viehzüchter hatte sich nach vorn gebeugt, die gefalteten
Hände zwischen den Knien. Rose trat zu ihm, setzte sich auf die
Seitenlehne des Sessels und legte den Arm um ihren Mann. Tiefes
Schweigen herrschte.

»Es ist immer noch Ihr Fall, Sir«, sagte schließlich Oberwachtmeister Howard.

»Richtig, Howard. Und ich werde alle Entscheidungen meiner
vorgesetzten Dienststelle überlassen. Und Sie, Howard?«

»Ich bin stets dafür, die Verantwortung anderen aufzuhalsen.«

»Mr. Brentner«, sagte Bony leise. »Unter anderen Umständen
würde ich jetzt Wachtmeister Howard bitten müssen, Sie wegen
Totschlags und einiger anderer kleinerer Delikte festzunehmen.
Ich weiß nicht, ob es zur Anklageerhebung kommen wird. Ich
bin jedenfalls froh, nicht darüber entscheiden zu müssen. Trotz

Ihrer berechtigten Empörung wurde ein Mensch getötet. Ich persönlich verstehe vollkommen, mit welchen Absichten Sie in das geheime Camp gingen. Und wäre ich kein Polizeibeamter – ich hätte vielleicht genauso wie Sie und Captain gehandelt. Geben Sie mir Ihr Wort, die Farm nicht zu verlassen, bis die zuständigen Stellen entschieden haben, was weiter geschehen soll?«

»Selbstverständlich haben Sie mein Wort. Sie sind wirklich sehr großzügig.«

Rose erhob sich.

»Das denke ich auch.« Mit betont forscher Stimme wandte sie sich an das Eingeborenenmädchen. »Komm, Tessa, wir wollen den Tisch fürs Nachtmahl decken.«

Tessa war mit zwei Schritten bei ihr, doch Bony hob die Hand.

»Nach dem Essen hat Wachtmeister Howard noch eine Aufgabe zu erfüllen. Sie, Mrs. Brentner, haben im Eingeborenencamp kein Glück gehabt, als Sie eine Ehe stiften wollten. Ich aber werde dafür sorgen, daß noch heute abend hier eine Trauung stattfindet.«

»Mit Arthur Upfield begann der ethnische Kriminalroman.«
Frankfurter Rundschau

»Seine 30 Krimis gehören zum Besten, was die australische Literatur zu bieten hat.«
Reclams Kriminalromanführer

»Arthur Upfield war ein geborener Geschichtenerzähler. Kaum ein anderer Autor hat es wir er verstanden, eine scheinbar tote Wüste mit solch buntem Leben zu erfüllen, und keinem ist es wie ihm gelungen, die unerwartete Schönheit der australischen Hügel und Wälder und Felsenküsten mitzuteilen.«
Times

ARTHUR W. UPFIELD

Tödlicher Kult 5132

weitere Bände:

Der sterbende See	*(214)*
Der neue Schuh	*(219)*
Die Giftvilla	*(180)*
Der Kopf im Netz	*(167)*
Die Leute von nebenan	*(198)*
Der schwarze Brunnen	*(224)*
Der streitbare Prophet	*(232)*
Bony und die schwarze Jungfrau	*(1074)*
Fremde sind unerwünscht	*(1230)*
Bony stellt eine Falle	*(1168)*
Bony wird verhaftet	*(1281)*
Bony und der Bumerang	*(2215)*
Todeszauber	*(6244)*
Höhle des Schweigens	*(5147)*
Bony und die Todesotter	*(2088)*

GOLDMANN

JAMES M. CAIN

Zarte Hände hat der Tod
6243

Doppelte Abfindung
5084

Die Frau des Magiers
5092

Das Mädchen, das vom
Himmel fiel   5104

GOLDMANN

TOM KAKONIS

Die Spur des Spielers 5113

Über Kreuz 5135

MÖRDERISCH GUT!

»Donnerwetter, das ist ein Debüt!
Die Spur des Spielers besitzt alles, was den Klasse-Krimi vom Krimi unterscheidet. Bedrohung und Gewalt liegen permanent in der Luft. Plot, Dialoge, Typenzeichnung und das Talent, Thriller-Atmosphäre zu erzeugen, sind mitreißend. Kakonis muß man lesen!«

*Norbert Klugmann
in »Krimi«*

»Action writing pur, mit punktgenauen Dialogen, gewaltgeladener Atmosphäre und dem Timing einer Höllenmaschine.«

Newmag

GOLDMANN

JAPANISCHE AUTORINNEN

MÖRDERISCH GUT!

»Masako Togawa, Jahrgang 1933, ist in ihrer Heimat eine gefragte Autorin.

Die englische Krimischriftstellerin Ruth Rendell urteilte über die Arbeit der Kollegin: Die Spannung ist erschreckend. Und wenn es um den Kuß des Feuers geht, dann hat Ruth Rendell mit diesem Satz fast noch untertrieben.

Denn die Geschichte um das Geheimnis der drei Kinder ist einfach atemberaubend.«

Frankfurter Rundschau

Masako Togawa Der Kuß des Feuers   5114

Masako Togawa Schwestern der Nacht   5116

Shizuko Natsuki Zwei Fremde in der Dunkelheit   5143

GOLDMANN

GOLDMANN TASCHENBÜCHER

Fordern Sie das kostenlose Gesamtverzeichnis an!

Literatur · Unterhaltung · Bestseller · Lyrik

Frauen heute · Thriller · Biographien

Bücher zu Film und Fernsehen · Kriminalromane

Science-Fiction · Fantasy · Abenteuer · Spiele-Bücher

Lesespaß zum Jubelpreis · Schock · Cartoon · Heiteres

Klassiker mit Erläuterungen · Werkausgaben

****

Sachbücher zu Politik, Gesellschaft,

Zeitgeschichte und Geschichte; zu Wissenschaft,

Natur und Psychologie

Ein Siedler Buch bei Goldmann

****

Esoterik · Magisch reisen

****

Ratgeber zu Psychologie, Lebenshilfe,

Sexualität und Partnerschaft;

zu Ernährung und für die gesunde Küche

Rechtsratgeber für Beruf und Ausbildung

Goldmann Verlag · Neumarkter Str. 18 · 8000 München 80

Bitte senden Sie mir das neue Gesamtverzeichnis.

Name: _____

Straße: _____

PLZ/Ort: _____